Winning Culture

ウィニングカルチャー

勝ちぐせのある人と組織のつくり方

株式会社チームボックス代表取締役
日本ラグビーフットボール協会理事
中竹竜二

ダイヤモンド社

はじめに

東京都調布市、２０１９年９月20日19時45分。

東京スタジアムのスタンドは、色とりどりのユニフォームを身にまとった観衆で埋め尽くされていました。

約４万５０００人を超える観衆は、日本初、アジアでも初めての開催となるラグビーワールドカップ（W杯）の開幕戦の証人たちです。

彼らの瞳は、これから始まる歴史的な瞬間を余すところなく焼きつけようと、キラキラと輝いていていました。

視線の先には、開幕戦を戦うホスト国の日本と対戦相手のロシア、合わせて30人のラガーメンが試合開始を告げるホイッスルの音を待っています。

さあ、開幕戦の開始です。

２０１９年に開催された第９回ラグビーW杯。アジアで初の開催国となった日本には、ホスト国としての大きな期待が寄せられていました。

日本代表が予選プールを勝ち上がり、決勝トーナメントに進出すること。

日本代表は過去8回、すべてのW杯で予選敗退しています。しかし今回はホスト国として決勝トーナメントに勝ち進まなくてはなりませんでした。

結果的に、有形無形のプレッシャーをはね返して、日本代表は決勝トーナメントへ進出し、32年間手の届かなかったベスト8に名乗りを上げました。

しかし、ここに至る道のりは決して順風満帆ではありませんでした。

日本ラグビー界に長らく巣くっていた〝負け犬根性〟。

これを根底からくつがえし、意識と行動を変革して、貪欲に勝利を追求する「ウィニングカルチャー（常勝の組織文化）」を構築したこと。その果実として、ベスト8入りという快挙が実現したのです。


本書で私がみなさんにお伝えするのは、ラグビー日本代表の物語ではありません。

日本のラグビー界に長らく巣くっていた〝負け犬根性〟からいかに脱却できたのか。

それは、どんなチームや組織、企業でも根底に横たわる組織文化を刷新すれば、より強く生まれ変われることの象徴です。

一つの目標を目指す集団で、いかに空気を変えていくのか。組織文化を刷新し、ウィニングカルチャーを構築するための思考法と実践法をお伝えするのが、本書の役割です。組織の人数や規模は関係ありません。企業で働くビジネスパーソンから、部活動や趣味の活動などで仲間を率いるリーダー、さらには友達同士や家族といったあなたが属するすべてのコミュニティを、より良く、強く、そして魅力的に変える組織文化の変革方法を、これからじっくりとお伝えします。

■ 文化が変われば、組織は強くなる

私は早稲田大学ラグビー蹴球部の監督を経て、現在は公益財団法人日本ラグビーフットボール協会の理事を務めています。協会で長く携わってきたのは、選手ではなく指導者の育成です。コーチのコーチとして、指導者を多く育ててきました。

海外でのライセンス取得を機に世界中でさまざまなネットワークを構築し、現場での指導者育成の実践を通して培った知見を、最近では野球やバレーボール、陸上といったほか

のスポーツにも生かしています。

同時に、企業で働くビジネスパーソンのリーダー育成も実践しています。チームボックスというコンサルティング会社を経営し、日本を代表する大企業から成長著しいベンチャー企業まで、幅広い産業で働くリーダーの成長を支援しています。

この過程で実感したのは、組織そのものを変えるには、リーダーだけに変革を促しても限界があるという事実でした。

私は過去二十数年にわたって、組織を構成するフォロワーシップの重要性を提唱してきました（詳しくは拙書『新版リーダーシップからフォロワーシップへ　カリスマリーダー不要の組織づくりとは』をご覧ください）。

リーダーを育て、フォロワーシップを育んでいく。その過程で組織に属するすべての人が変わろうとしたとき、組織文化が大きく変容を遂げることを発見しました。

目を見張るような変革の姿を、私はビジネスの世界でもスポーツの世界でも目の当たりにしてきました。

どんな弱小チームでも、業績不振にあえぐ企業でも、強い組織に変わることができる。これまでの経験から私はそう確信しています。

繰り返しますが、組織の根底にある文化が変われば、組織は強く生まれ変わります。そして組織文化を変えるには、組織に属する一人ひとりが意識や行動を変える必要があるのです。

一人ひとりの意識や行動に変革を促し、組織文化を変え、より強く、貪欲に勝利を求めるウィニングカルチャーを生みだす手法を、本書でお伝えしていきます。

ただ、ひと言で「組織文化の変革」といっても、なかなか理解しづらいかもしれません。

そこで冒頭の話に戻り、日本ラグビー界がいかに〝負け犬根性〟から脱却し、勝利へ猛進する強いチームに変わったのかという実際の物語をご紹介しましょう。

■「緊張して死ぬかと思いました」

W杯開幕戦のことです。

日本代表の最初の対戦相手は格下のロシアでした。落ち着いて試合を運べば大差で勝利できる相手です。

ところがこの試合で、日本代表は普段はしないような簡単なミスを連発しました。致命傷には至らなかったものの、ミスが原因となって最終的なスコアは30対10。かろうじて勝利を収めましたが、本来の実力差にはほど遠い結果でした。

試合後、選手たちは記者会見でこう語っていました。

「マジで緊張して死ぬかと思いました」

「今日は、ゲームの最初から本当に何をやっていいかわからなかったです」

初めて日本で開催されるW杯。それも勝って当たり前の格下チームを相手にした開幕戦。重いプレッシャーに緊張した選手たちは、自分をコントロールできずにいました。

私が注目したのは、緊張してミスを連発した事実を、選手たちが率直に明かしたことでした。彼らの態度と言葉にこそ、日本代表が構築してきた「ウィニングカルチャー」が象徴されていたのです。

スポーツ界ではこれまで、国代表の選手は堂々と振る舞うべしとされてきました。どんなに緊張してもそれを明かさずにいること。当然ながら弱音は許されません。

しかし、このチームは違いました。選手たちにムダな気負いが一切ありませんでした。

ジェイミー・ジョセフ監督の方針によって、日本代表チームでは、選手たちが普段から互いに弱さを含めた多様な感情をさらけ出し、失敗を認めることで学び合い、貪欲に強くなろうとしていました。

選手たちが伸び伸びとプレーし、ミスや弱さも認め合いながら、ともに成長して勝利を求めていくようなチームになっていたのです。

報道陣の前で率直に語った彼らの姿から、私は日本代表がこれまで構築してきた組織文化の一端を感じました。

だから、日本代表は初のベスト8入りという成果を残すことができたのでしょう。

日本のラグビー界の歴史を振り返ると、当初から強いチームだったわけではありません。むしろ長い間、〝負け犬根性〟から脱却できずにいました。

それを厳しく指摘したのは、ジェイミー監督の前任のエディ・ジョーンズ監督でした。

■ 照れ笑いに激怒したエディ監督

エディ監督が就任したのは2012年4月のこと。

当時、日本代表はテストマッチ（国・エリアの代表同士の試合）にも勝てない惨憺《さんたん》たる状況が続いていました。それも、負けに対して言い訳をする傾向が強かったのです。

アマチュア選手を中心に構成する日本代表が強豪国に勝てるわけがない。全力を尽くしたのであれば負けても仕方がないという考えがはびこっていました。

「勝つことよりも、良い試合をすることに価値がある」

そんな状況で就任したのがエディ監督でした。彼は最初にこう宣言しています。

「日本の〝負け犬根性〟を根底からくつがえす」

彼の指摘した〝負け犬根性〟が如実に表れたのが、エディ監督が就任して初めて采配を振るった試合でした。対戦相手はフランス代表ではなく、「フランス選抜」と呼ばれるフランス代表の2軍相当のレベルです。それに、日本代表は完敗しました。

エディ監督は負けた事実よりも、日本代表の選手たちの負けの捉え方に怒り、試合後の記者会見でいら立ちを爆発させました。

引き金となったのは、当時の主将・廣瀬俊朗《としあき》選手が語った試合の総括でした。このとき、廣瀬選手は日本人特有の照れ笑いを浮かべながら、試合の感想を語りました。当人にとっては何気ない、さして意味のない表情だったはずです。同じく会場にいたほとんどの記者たちも違和感を覚えませんでした。

しかし、それを横目で見たエディ監督は、顔を真っ赤にして叱り飛ばしました。

「おかしいことなんて何もないぞ！　これこそが日本ラグビーの問題なんだ」

組織文化は、そこに属する人の表情や言葉など、ちょっとしたところににじみ出ます。当時の日本代表は、主将であっても負けた試合を悔しがらず、照れ笑いを見せるようなチームでした。

エディ監督はこの〝負け犬根性〟を根底からくつがえす変革をスタートさせました。

■ 負けを真剣に悔しがるチームに

「世界の強豪に勝つには、選手の〝負け犬根性〟を変えなければならない」

組織文化を根底から変えるため、エディ監督は圧倒的な練習量を課しました。本気で追い込めば30分で再起不能になるようなトレーニングを1日5回も実践。早朝5時からハードワークを重ねて、選手たちの目を嫌というほど覚ましていきました。

当時の方針について、エディ監督は私にこう語っていました。

「W杯の舞台に立ったとき、おれたちはどのチームよりも限界まで練習したという自信を植えつけたいんだ。このメンバーならそれをやりきれるはずだ」

エディ監督の信念の下、極限まで追い込むハードワークを続けるうちに、選手の行動が変わっていきました。早朝練習に備えて、夜9時頃にはほとんどの選手が就寝するようになり、規律ある生活が浸透していったのです。

選手一人ひとりのマインドも、試合の結果も変わりはじめました。

そしてエディ監督が廣瀬選手を叱った日から1年後の2013年6月、世界トップクラスであるウェールズとのテストマッチに、日本代表は23対8で勝利しました。

本気でやれば、勝てる。

そんな当たり前のことがわかると、チームの中に漂っていた〝負け犬根性〟はすっと消えていきました。代わりに言い訳をしない空気が広がり、それはやがて、がむしゃらに勝利を追い求める組織文化へ変わっていきました。

負けても照れ笑いをするチームから、負けたら本気で悔しがるチームへ。180度の大転換が起こりました。

エディ監督が3年間をかけて刷新した日本代表の組織文化。その土台の上に、ジェイミー監督は「ワンチーム」を掲げ、選手からチームスタッフまで、関係者が家族のように信頼し合える組織文化を構築していきました。

いくらスキルや身体能力が高くても、エゴの強い人間や自分だけを大事にする人間、陰口を言うような人間は仲間に入れない。ワンチームを浸透させるため、ジェイミー監督は選手やスタッフの間でコミュニケーションを徹底させました。

チーム全体の会話量が増えると、選手やスタッフは互いに弱みをさらけ出し、失敗を認め合うようになっていきました。

この結束力が勝利に突き進む組織文化になったと私は考えています。

1995年、第3回W杯で日本代表はニュージーランドに17対145で大敗し、W杯の最多失点として不名誉な記録を残しました。そして自信を失い、勝利に対する執着心を手放してしまいました。

それから24年――。

〝負け犬根性〟が染みついていた日本代表は、いまや世界ランキング10位（2021年1月16日時点）となり、W杯でベスト8に食い込むまでに大躍進を遂げました。

負け試合で照れ笑いを浮かべていたチームが、弱みをさらけ出して学び合い、一丸となって貪欲に勝利を目指すチームへ――。

大転換を実現したのは、世界レベルのコーチングに基づいたラグビーのスキルや戦略、戦術が成熟し、選手たちの身体能力が高まったことが主な理由ですが、それだけではありませんでした。選手一人ひとりが自律的に自分たちのチームの文化を変え、ウィニングカルチャーを根づかせていった結果だと私は分析しています。

ラグビーはこれまで、選手の体の大きさや強さが決定的に影響するスポーツだと思われてきました。その点、欧米人に比べて小柄で華奢な日本人が海外の選手に伍して戦えるとは誰も思っていなかったはずです。

しかし、実際には物理的な課題も乗り越えることができたわけです。

実現できたのは、チームにウィニングカルチャーが浸透したからに違いありません。

これは、ラグビー日本代表に限った話ではありません。

チームや組織、企業など、ビジネスの世界においても、同じようにウィニングカルチャーが浸透すれば、強いチームをつくることができます。

■ウィニングカルチャーとは何か

では、ウィニングカルチャーとは何なのでしょうか。

それは、自ら問い続けることです。

「勝ちとは何か」「なぜ勝つのか」「どう勝つのか」「どこまで勝ち続けるのか」――。

一度導き出した「解」をあえて自分で疑い、自問を繰り返し、過去の成果に甘えることなく、自分の殻を破って謙虚に学び続け、進化や成長を止めないこと。

これが、私の定義するウィニングカルチャーです。

「ウィン＝勝ち」とは、自分たちが定めた目標にたどり着くことです。

この目標とは、何も目に見える成果だけではありません。企業であれば、売上高や利益の増加、シェア拡大、株式上場といったわかりやすい成果のほかにも、社員の幸福度や顧客満足度の向上、ＳＤＧｓ（持続可能な開発目標）の徹底、企業ブランドの浸透といった、目に見えない成果も目標になり得ます。

大切なのは、掲げた目標を達成すべく組織が一丸となって動くことです。そして自分たちの掲げた目標を信じるだけでなく、あえて疑い、自問し、考え、進化し続けること。

それがウィニングカルチャーです。

私はこれまで、幅広い分野のリーダー育成や組織文化の変革に携わってきました。

その過程で組織に属する一人ひとりのマインドが変わり、組織文化が変革されれば、強い組織へ生まれ変わるケースを何度も目撃してきました。

だからこそ、改めてこう断言できます。

組織文化が変われば、チームは必ず強くなる。

■組織文化とは「問い」である

組織文化とは極論すると、組織に属する人々が常に抱える、言葉にならない「問い」のことです。それは、ふとした行動や言葉に表れます。

目には見えないけれど、組織の成果や評価、未来を激変させる力を持っているもの。それが組織文化です。

未来へ続く強い組織を育てたい。

リーダーがそう望むなら、真っ先に知り、変革し、そして進化・成長させていかなくてはならないものが組織文化なのです。

組織文化は業績や制度のように具体的に目に見えるものではありません。そのうえ、組織の中にいる人が客観的に自分たちの組織文化を把握することも簡単にはできません。それゆえ、組織の根幹を成す大切なものでありながら、これまではなかなか実態をつかむことができませんでした。

ぼんやりとして見えづらく、けれども組織の未来を左右する重要な「問い」。それを把握し、自分たちの目指す姿へ変えていく方法を、これからお伝えしていきます。


本書は、組織文化についてあらゆる角度から解明していきます。

第一章では、なぜ組織文化がこれからの時代に重要なのかを説明します。

第二章では、組織文化について、改めてわかりやすく定義しました。

第三章では、自分たちの組織文化を「知る」方法について紹介します。

第四章では、自分たちの組織文化を「変える」方法をお伝えします。

第五章では、変革した組織文化をさらに「進化させる」方法をお教えします。

終章では、私が組織文化に着目するまでの歩みについてお伝えします。

「知る」「変える」「進化させる」の各章では、実際に私が組織文化の変革を支援したり、経営者に取材したりした具体的な事例を紹介しています。

急成長を遂げるベンチャー企業から創業80年以上の老舗企業、巨大グローバル企業、〝負け犬根性〟から抜け出したスポーツチームなど、幅広い分野の組織を取り上げています。

また巻末には、インテグラル理論や成人発達理論に詳しい加藤洋平さんと私の特典対談を収録しています。これらの理論は組織文化に対する理解を深めるのに役立ちますので、本書の内容と併せてご覧ください。

人数や規模は関係ありません。たった二人の小さなチームから、数千人や数万人の巨大組織まで、どんな組織も変わることができます。

本書を通して、読者のみなさんとともに新たに学びを深めることができれば、これ以上の喜びはありません。

さあ、ウィニングカルチャーをあなたのチームにもインストールしましょう。

ウィニングカルチャー目次

第三章 組織文化を「知る」

第四章 組織文化を「変える」

第五章 組織文化を「進化させる」

事例4 ジョンソン・エンド・ジョンソン 社是は、見直し続けるから信頼に値する

終章 組織文化に至る旅

特典対談

組織文化の変革に役立つインテグラル理論

第一章

組織文化は唯一無二の競争力

なぜ、組織文化が大切なのか。

実はいま、ビジネスの世界でもスポーツの世界でも、組織文化の重要性が認識されはじめています。

まずは企業について、組織文化の重要性を解説しましょう。

業績や収益といった成果は、組織を構成する氷山の一角でしかありません。成果が生みだされる背景を知るには、氷山にたとえれば、その水面下に隠れている広大な土台を見極めなければなりません。目に見えない部分を知ることなく、氷山の一角となる成果を高めたり、変えたりすることはできません。

この氷山の土台の最も深い部分にあるのが組織文化です。

■ 企業を動かす「文明」と「文化」

一橋大学大学院経営管理研究科国際企業戦略専攻の楠木建教授は、組織における「文化」を次のように定義しています。

「その組織の人々に共有されている、何が良くて何が悪いか、何が正しくて何が間違っているか、何が好きで何が嫌いかという価値観」

組織文化は、その組織を構成する人だけに共有される価値観のことです。これをわかりやすく説明するため、楠木教授は対義語として「文明」を挙げています。

「文明は、社会的なコンセンサスとして普遍的に共有される世界共通のモノサシです。一方で組織文化は、企業固有のモノサシです」

文明はあと戻りすることがありません。

基本的に、文明は国や地域にかかわらず、同じ方向に進んでいきます。こうした文明のいくつかが、人類の普遍的な価値観として共有されていくことになります。

たとえば、「決められた時間に遅れてはいけない」という価値観を例にとりましょう。

文明が発展途上の国では、「約束の時間に遅れてはいけない」という価値観があまり浸透していません。

「私は南アフリカで育ちましたが、アフリカの経済開発にとって重要なのは、文明がどこまで浸透するかということです。現段階では工場が始業する朝9時に出社せよと言っても、なかなか浸透しません。しかし文明が浸透していけば、少しずつ時間を守るようになるはずです」（楠木教授）。

文明とは、国や地域、経済発展の段階などを問わず、同じ方向へ進んでいく価値観のことです。

一方で、文化はその対極にあります。組織文化は企業の中でしか通用しないからです。「身も蓋もない言い方をすると、組織文化とは好き嫌いにすぎない」と楠木教授は指摘します。

もちろん、好き嫌いが個人的な価値観に局所化されてしまうと、それは文化とはいいません。そうではなく、複数の人間の集まり、組織やチームの中で共有される好き嫌いやこだわりなどの価値観が組織文化なのです。

そしてビジネスのシーンでは、この「好き嫌い」や「こだわり」が、年々大きな意味を持つようになっています。

■組織文化で競争する時代に

私たちはいま、時代の大きな転換点に立っています。

18世紀半ばにイギリスで起こった産業革命以降、長らく続いた資本主義経済は曲がり角にさしかかっています。特にこの半世紀で世界中に広がったグローバル資本主義は、いきつくところまで膨らみました。私たちは、それによって生みだされた貧富の格差や環境問題といった負の側面に直面しています。

大量生産・大量消費の時代が終わり、「いいモノを作れば売れる」といった旧来型のビジネスモデルはもう通用しなくなっています。

文明の競争で有利なのは、ヒト、モノ、カネという資本をふんだんに持つ者です。より速く、より大量に、より安く作った企業が市場の勝者となってきました。

かつては日本企業も、この文明の競争で世界に名を馳せました。

しかし現在、世界で力を持つのはより巨大な資本を有するアメリカや中国の企業です。

一方で日本は、長く続いた低迷期によって企業の競争力が衰えています。深刻な高齢化や人口減少が進む日本がこの先、アメリカや中国などの大企業と文明軸の競争で伍して戦える可能性は限りなく低いでしょう。

では、日本企業はこの先、何を武器に世界と戦えばいいのでしょうか。

ここで重要になるのが組織文化です。

文明軸の競争で圧倒的な強さを発揮できなくても、ほかがまねすることのできない独自の組織文化を育み、キラリと光る唯一無二の存在になること。それができれば、グローバル競争の中でも生き残ることはきっとできるはずです。

最近では、採用の場面でも、何ができるのかという「ｄｏ」ではなく、どうあるのかという「ｂｅ」の部分が重視されるようになっています。

同じように、企業がこれから消費者や従業員、取引先、株主といったさまざまなステークホルダーに選ばれるには、どのような成果を達成したのかという「ｄｏ」の部分ばかりではなく、どのような価値観で事業を営んでいるのかという「ｂｅ」の部分が大きな意義を持つはずです。

日本企業がグローバル市場で存在感を高めるためにも、それぞれの企業が持つ唯一無二の「らしさ」を理解し、大切に育てていく必要があるのです。

■システム思考で全体を把握せよ

企業を取り巻く環境は年々、複雑さを増しています。

グローバル化やダイバーシティの流れはもはやとどまることはなく、国籍、文化、価値観などが異なる多様な人材が入り交じって一緒に働くことが当たり前となってきました。複雑な環境で生きるということは、そこから生じる課題や問題を解決するのもこれまで以上にハードルが上がることを意味します。

そんな中で最近、注目されているのが「システム思考」です。

システム思考とは、複雑な状況の下で変化に影響を与える構造を見極め、さまざまな要因との相互作用を理解し、真の課題解決や変化を生みだすアプローチのことです。

難しそうに感じますが、要は一つの現象がさまざまなものとつながっているという考え方のことです。目の前に起こる問題や課題について直接関係のありそうな要因だけに着目するのではなく、全体を俯瞰し、多面的な角度からシステムとして捉えて原因を探り、課題を解決しようとするアプローチを指します。


そもそも課題は、さまざまな要因が複雑に絡み合って生じるケースがほとんどなので、システム思考の考えに基づいて要因を考えなければ、根本的な解決には到達できません。

たとえば、企業の収益を高めるにはどうすればよいのかという課題を例にとりましょう。

直接的には営業部門が顧客に商品を売ることで企業は収益を得るわけですから、短絡的に考えると営業力を高めることが課題解決への最短ルートです。

しかし、営業部門が成果を出すには、良質な製品やサービスが必要で、そのためにはモノ作りの力を高めることが求められます。製品やサービスを継続して使い続けてもらうには、顧客対応を担うカスタマーサポート部門を強化することも必要でしょう。良質な製品やサービスを周知するマーケティング部門も大切です。

こうした事業部門が存分に実力を発揮するには、快適な職場環境を整えることも重要ですし、優れた人材を採用することも大切になります。

当たり前のようですが、企業の業績は組織内のあらゆる部門が直接的、間接的に関係し合って生みだされた結果なのです。

だからこそ、組織全体を見なければ「いかに収益を高めるか」という問いに対する適した「解」は得られません。そんな考え方が当たり前になりつつあります。それは単発的な結果を求める傾向から、継続的な成果を求める傾向に変わってきているからです。

組織全体の方向性を決定づけるのに大きな影響を与えているのが、そこで共通認識されている暗黙のルールや空気といった、人々が何となく共有している価値観です。

その組織に属する人々がどのように考えて行動しているのか。組織の隅々に浸透した価値観が、組織文化なのです。

組織文化は、その組織に属する人々がどんな価値観で判断を下すのかという一人ひとりの小さな意思決定にも影響を与えています。

ビジネスの世界では最近になって、一部の企業が組織文化の重要性に着目し、目指す姿へと組織文化を変革し、進化を続けています。

そしてスポーツの世界でもこの数年で同じような考え方が広がりつつあります。

■スポーツ界で大切な「オフ・ザ・ボール」

これまでスポーツの世界では、競技の舞台で起こる出来事が何よりも重視されてきました。特にボールゲームでは、「オン・ザ・ボール」というボールを持つプレーヤーの動きばかりを追ってきました。

しかし最近は「オフ・ザ・ボール」という、ボールを持たないプレーヤーの動きが注目されるようになっています。

そもそもボールゲームでは、プレーヤー全員に対して、与えられるボールはたった一つ。試合中はボールを持たないプレーヤーのほうが多く、彼らがいかに有機的かつ効果的に動くかが、試合に大きな影響を与えることがわかってきています。

たとえばサッカーなら、自分たちが相手のゴール前に迫っているとき、味方のゴールキーパーの動きを追いかける観客はほとんどいないと思います。ところがゴールキーパーは、こうしたシーンで非常に大切な指示を出しています。ゴールキーパーの指示があるからこそ、不用意にボールを奪われても相手の攻撃を遅らせることができるのです。

ラグビーでも、味方の最後方に位置するフルバックというポジションは、守備のうえでは最後の砦です。そのため試合中にボールを触ることや相手をタックルで仕留めることはそれほど多くありません。しかし、相手が攻めようとする場合には、自陣に空いた広いスペースを守るために先を読みながら細かく移動し、相手の攻撃の芽を摘むことが求められます。

スポーツで試合の行方を左右するのは、オフ・ザ・ボールの動きにあると言っても過言ではありません。

この考え方が浸透し、サッカーやラグビーの世界では、選手の契約金や年俸などの交渉にも、オフ・ザ・ボールの貢献度が影響するようになっています。得点を決めるプレーヤーばかりが高く評価されるのではなく、得点を狙える環境をいかに整えることができたのかという観点から、プレーヤーが評価されはじめているのです。

オフ・ザ・ボールの動向が勝利に直結するという考え方は、さらに進化しています。

■ 強くなるために必要な「オフ・ザ・フィールド」

いま注目されているのは「オフ・ザ・フィールド」の動向です。

どんな一流選手でも、体を動かしてその競技に取り組むのは、一日24時間のうち数時間しかありません。それ以外は食事や睡眠、肉体や精神の調子を整えたり、リラックスしたりと、競技以外に多大な時間が割かれています。

だからこそ、選手のパフォーマンスを上げるには、ピッチの外の「オフ・ザ・フィールド」をどう過ごすのかが重要な意味を持ちます。

極限まで鍛え、最先端のテクノロジーなどを活用して戦術や戦略を練ったうえで、オフ・ザ・フィールドに目を配り、その時間を充実させることが大切だと考えられるようになっているのです。

実際、私がラグビーU20日本代表の監督を務めていたときも、遠征や合宿で重視したのは、食事や睡眠、休息やレクリエーションといったオフ・ザ・フィールドの時間の使い方でした。

たとえばスマートフォン。若い選手はどうしても空き時間にスマホを触りたがります。しかしスマホに没頭すると、仲間たちと交流する時間が限られてしまいます。

そこでミーティングルームや食堂など、みんなが集まるパブリックスペースではスマホを触らないように決めました。代わりに仲間と直接、会話をすることを推奨したのです。

「知らない仲間と話すのは、最初は緊張するかもしれない。でも勇気を持って声をかけてみたら、きっといいチームメイトになれる。チャレンジしてみよう」

オフ・ザ・フィールドで強くなったつながりが、オン・ザ・フィールドでいざというときのコミュニケーションに役立ちます。ひいてはオフ・ザ・フィールドの行動が、試合の成果に強く影響を及ぼすと選手たちに伝えました。

すると遠征や合宿のあとのレポートで、選手たちはこんな感想をまとめてくれました。

「オフ・ザ・フィールドがしっかりしていれば、試合もうまくいくと確信した」

「今回の遠征でオン・ザ・フィールドの部分が順調に成長できたのは、オフ・ザ・フィールドの部分がしっかりしたからだと思った」

U20日本代表だけではありません。ラグビーの強豪国であるニュージーランド代表のオールブラックスも、オン・ザ・フィールドだけでなく、オフ・ザ・フィールドを重視しています。

「Better People Make Better All Blacks」

人として成長すればチームも成長する、という考え方を掲げているのです。

世界各国、どんなスポーツでも強いチームになるほど、競技には直接関係のないオフ・ザ・フィールドを大事にしています。

これは企業経営や組織運営、チームマネジメントもまったく同じです。

目に見える成果を生みだすには、オン・ザ・フィールドの動きだけではなく、オフ・ザ・フィールドにも目を配る必要があります。

そして、オン・ザ・フィールドとオフ・ザ・フィールド、両方の土台となる組織文化に目を向けることが大切なのです。

■ 組織文化は模倣されない

組織文化、とりわけウィニングカルチャーを大切にすべきだと私が伝える背景には、それが決してほかには模倣することのできないものだからという理由もあります。

企業にはそれぞれ唯一無二の組織文化があります。言い換えれば、それぞれ独自のウィニングカルチャーが存在するのです。

優れた企業の組織文化をまねして自分たちの企業に移植しようとしても、基本的には機能しません。構成要素が異なる組織に、まったく別の組織文化を埋め込んでも機能するはずはありません。ウィンドウズOS（オペレーティングシステム）上でしか動かないアプリを、マックOS上で使おうとしても動かないのと同じです。

組織に属するそれぞれの人のあり方や営み、日々交わされる言葉、行動、これらを規定する制度や人々が共有する言葉にならない価値観を通じて、その組織にしか通用しない文化が醸成されていきます。

ビジネスモデルや製品、サービスは簡単に模倣されますが、組織文化は、その組織を構成するあらゆる部分が影響してにじみ出るものだからこそ模倣されません。つまり企業にとって最大の個性であり、強みにもなるのが組織文化なのです。

未来を予測することの難しいこれからの時代は、自分たちの組織文化を知り、その独自性を強めていくことが重要な意味を持ちます。

社会が劇的に変わると、企業も環境の変化に適応すべく、それまでの常識を疑い、過去の成功体験を手放して変革する必要に迫られます。時には企業の根幹をなす組織文化そのものを、大きく方向転換しなければならないこともあるでしょう。

その時に初めて自分たちの組織文化を知ることからスタートしていては、変化に対応できずに手遅れになってしまいます。組織文化にメスを入れず、人事制度や働き方、ルールといった目に見える部分だけを変えても、組織は大きく変わりません。大火事をじょうろの水で消すようなものです。

そんな事態に陥らないためにも、リーダーは日頃から自分たちの組織文化を把握し、目標を達成するために現在の組織文化が最適なのかを問い続けなくてはなりません。

■極限状態で露呈する組織の本質

「私たちの組織文化は○○である」とすぐ言葉にできる人は少ないのではないでしょうか。実際、組織の中にいながら、自分たちの文化を客観的に把握するのは極めて難しいものです（自分たちの組織文化を「知る」方法は第三章でお教えします）。

それを知る貴重な機会が、企業が危機に直面したタイミングです。

逆境に追い込まれると、人間の本質が見えるものです。普段は偉そうな人が崖っぷちに追い込まれると及び腰になったり、いつも頼りない人が土壇場で勇気を出したりするなど、人間の〝地金〟は逆境で露呈します。

私自身、スポーツやビジネスのコーチングでは、わざと相手が精神的に追い詰められるところまで連れていって、その人の本音や弱み、こだわりをさらけ出してもらいます。

同じように、企業も逆境に立たされると本質が露呈します。

たとえば新型コロナウイルスの感染拡大では、予防や治療の道筋がなかなか確立されず、私たちの生活は一変しました。不安や恐怖、緊張を強いられる非日常の生活の中で、企業もその本来の姿が浮き彫りになり、平時には見えづらい組織文化が残酷なまでにさらけ出されたのです。

たとえば、多くの職場が急いで導入したリモートワーク。日頃から強い信頼関係のある組織では、職場がリモートに移行しても、コミュニケーションの質が落ちることはありませんでした。むしろ一人ひとりが自分に合ったスタイルで働けるようになり、生産性が高まったという声も多く聞きました。

一方で、もともと人間関係がぎくしゃくしていた職場では、リモートワークに移行した途端、上司が部下の働く様子を確認できなくなり、コミュニケーションが滞ったケースもあったようです。サボらずに自宅で働いているのか、部下を監視しようとする上司まで現れたと聞きます。

一人ひとりの助け合いがより進んだのか、それとも互いの不信感が露呈したのか。突然働き方がガラリと変わることで表れた人間模様こそ、組織文化の一端です。

この先も、私たちが経験したことのないような危機は次々と襲ってくるでしょう。そこで問われるのが、組織文化の強さによる人々の結束の固さです。

普段は気にすることなく、無意識下にあった自分たちの組織文化が、逆境であぶり出されてきたことをチャンスと捉えて、自分たちの組織文化を知り、目指す姿へ変革することができるかどうか。多くの企業が岐路に立たされています。

■組織文化で選ばれる時代へ

コロナ禍は、私たち一人ひとりの価値観も揺さぶりました。これから先の生き方に思いをめぐらせた人も多いのではないでしょうか。

この先、多少の違和感やつらさに耐えても同じ場所で働き続ければ、会社が一生守ってくれるという時代はもう終わりました。

これからは、一人ひとりがどうありたいのかを考え、生き方や働き方を選ぶ時代です。成長を求めるのか、フラットな人間関係を重視するのか。厳しい環境の中で自分を鍛えるのか、それよりも私生活の充実に重点を置くのか。

「本当に働きたい会社はどこか」と改めて自問した人もいるでしょう。会社を選ぶ条件は年収や勤務地、福利厚生、雇用形態といった目に見える条件ばかりではなくなっているはずです。

居心地が良い、自由度が高い、成長できる、人間関係が良好……。

さまざまな要素の中で大切だと思うものを、個人が自分の価値観に沿って選ばなくてはなりません。何が良いか悪いかではなく、自分の価値観とフィットする組織文化の中で働きたいという考え方は、これからさらに強まっていくはずです。

このとき、企業側に独自の組織文化がなければ、もはや選ばれなくなってしまいます。

また、これからは誰もが企業に属するような時代ではなくなります。職務内容を明確にして成果で処遇するジョブ型雇用が広がれば、ますます人材の流動化が進むでしょう。

企業に所属するのか所属しないのか、所属するならどこにいたいのか。雇用形態が変わり、副業が当たり前になり、さまざまな組織で働く人が増えると、私たちは一層「どこで働きたいか」を真剣に考えるようになるでしょう。

「自分の価値観と合う組織文化を持った企業はどこか」

「どのような組織文化の中で働くと自分らしく振る舞えるのか」

「どのような組織文化なら自分のパフォーマンスを最大化できるか」

企業はより優れた人材を採用するためにも、自分たちの組織文化を明確に示し、それが唯一無二の個性であることを対外的に伝えていかなくてはなりません。

能力やスキルといった表面上のスペックではなく、組織の持つ哲学や価値観に共鳴できるかという一段深い部分で一緒に働く仲間を選ぶようになる時代が到来しつつあるのです。

■ 採用でも大切なカルチャーフィット

採用の場面では、すでに組織文化が大切な役割を果たすようになってきています。

「カルチャーフィット（組織文化への適合）」という言葉を聞いたことがあるでしょうか。

これは採用に関する用語で、それぞれの企業にある組織文化になじめるか否かによって、入社したあとに定着するかどうか、実力を発揮できるかどうかが決まるというものです。

どんなに能力やスキルが高い人でも、企業の組織文化と合わずに実力を発揮できないケースは少なくありません。逆に同じ能力やスキルを持った人でも、カルチャーフィットすれば実力以上の成果を出すことができます。

組織文化に合うかどうかが採用後のパフォーマンスや人材定着に大きな影響を与えるという事実は、採用現場では当たり前の考え方となりつつあります。

ここでも、企業が自分たちの組織文化を知らなければ、本当の意味でカルチャーフィットする人材を採用することはできません。自分たちの組織文化を言葉にできない企業は、ゆくゆくは採用でも優秀な人材を採れなくなっていくはずです。

組織文化は、企業を取り囲むあらゆるステークホルダーをひきつけるカギにもなります。

組織で働く人。

組織の製品やサービスの顧客。

組織とともに栄えようとする取引先。

組織に投資する株主。

変化の激しい時代を生き抜く企業にとって、組織文化は唯一無二の競争力の源泉になっていきます。

ヒト、モノ、カネといった目に見える資源だけで競争する時代は終わりつつあります。

これからは組織が掲げるビジョンやミッション、バリュー、組織の中に漂う空気や人間関係、組織で働く人々が何となく共有する価値観や言葉、行動など、目には見えない組織文化も企業の強みを規定する大切な要因になっていきます。

優れた企業は組織文化で他社との違いを打ち出し、従業員や顧客、取引先、株主などのステークホルダーを魅了していくようになるでしょう。

本章では、多角的な切り口から、なぜいま組織文化が重要なのかを解説しました。

続く第二章では、改めて組織文化について定義していきます。

第二章

組織文化とは何か

組織文化とは何か。

この言葉そのものを知らない人はほとんどいないでしょう。ところが、改めて「組織文化について定義せよ」といわれると説明できるでしょうか。

何となくそれらしい定義はできても、その本質まで表現できる人は少ないはずです。それは、これまで組織文化について意識的に考える機会がほとんどなかったためです。

知ってはいても、概念としてはつかみ切れないような状態で多くの人の頭の中にあるのが組織文化という言葉です。

そこで第二章では組織文化について、さまざまな角度から定義しましょう。

■ 土台にあるから見えづらい

組織文化を定義する前に、まず組織文化が組織の中で働く人々に及ぼす影響について簡単に説明します。

通常、人は行動の5割から9割を無意識に行っているといわれています。

■ 企業の根底にある組織文化

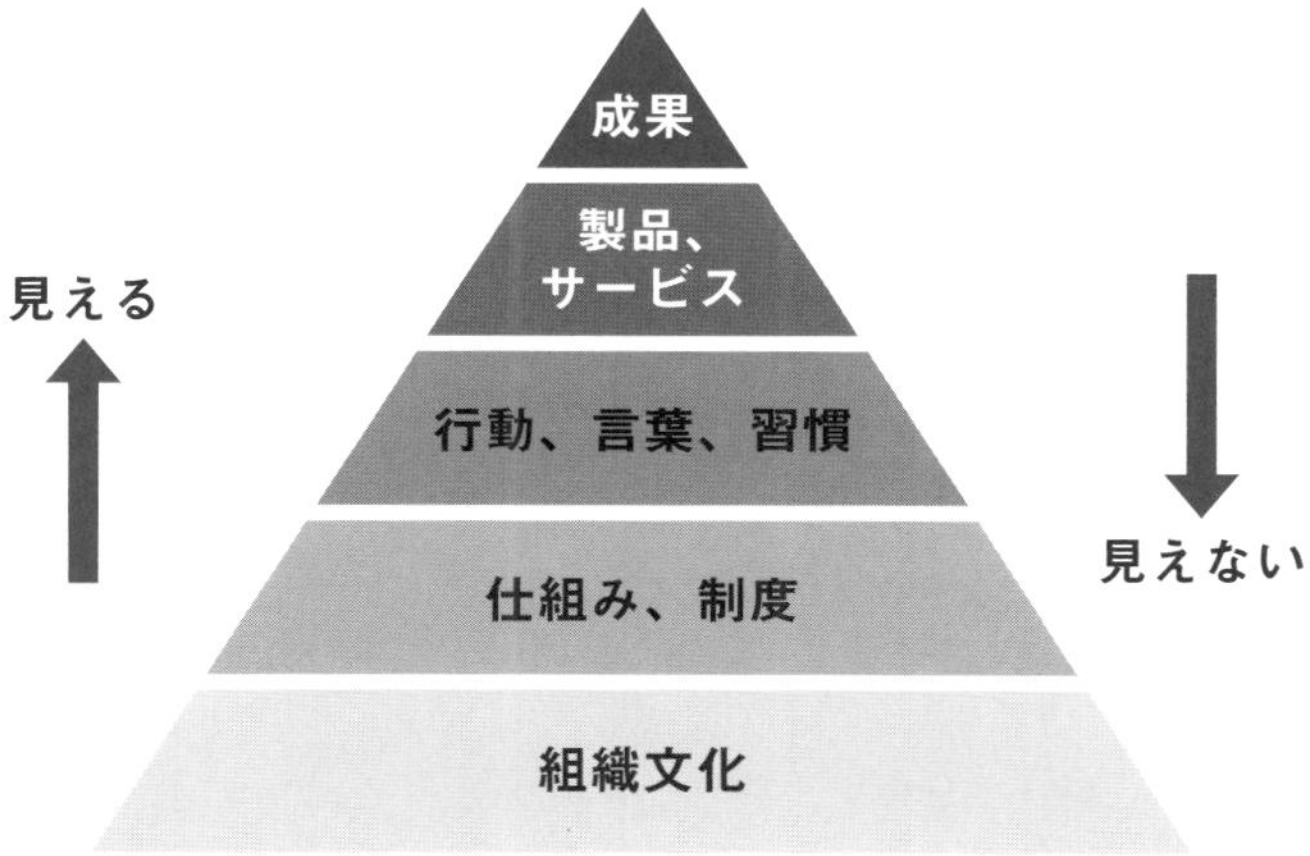

組織文化は組織の一番奥にある
（チームボックスのカルチャーピラミッド、図は著者作成）

物理的な環境、その場の雰囲気、どの国に生まれたか、どんな地域で生活しているか。多様な要因に影響を受けた結果、人間はほとんどの行動を自動的な反応、つまり無意識下でしています。

組織も同じように、目に見える環境と目に見えない環境が影響し合い、最終的にその場の組織文化をつくりだします。

それを踏まえて、上の図をご覧ください。

ピラミッドの最上位に位置するのが、組織の成果です。これは言い換えれば利益や株価、時価総額といった最も数値に換算しやすく、見えやすいものです。

企業が存続するには成果が必須となります。

その次の層が、成果を生みだす製品やサー

ビスで、こちらも可視化できます。

この下の層には、製品やサービスを生みだす人の行動や言葉、習慣などがあります。組織に属する人の日常的な言動や習慣は可視化されやすいものの、組織の中では当たり前になっているので、普段は意識しにくいものです。

言動や習慣の下にあるのが仕組みや制度といった組織運営のルールです。言動や習慣と同じように、仕組みや制度を毎日意識している人はほとんどいないでしょう。しかし実際には、このルールに人々の言動や習慣は大きな影響を受けています。

給与や昇進・昇格の条件、副業や働き方のルールは、組織で働く人の意思決定に影響を与えます。「何をすれば評価されるのか」「どんな結果を出せば給料が上がるのか」といったルールが働く人に影響を与えている、といえばわかりやすいでしょう。

こうしたルールを生みだす企業の最下層にあるのが組織文化です。組織文化は、組織の内部にいても外部から見ても、ほとんど目に見えることはありません。通常は意識することもないでしょう。

ところが、組織文化は組織の土台にあるので、組織のルールや働く人の行動や言葉、習慣、そこから生みだされる製品やサービス、成果など、あらゆるものに影響を与えます。

それもこれらは厳密に境界線があるわけではなく、それぞれが重なり合っています。

組織文化とは、普段はあまり意識されないものの、組織のあらゆるものに影響を及ぼす価値観のこと。表現を変えれば、組織を動かすOSのような役割を果たしています。

■何を格好いいと思うのか

最近では組織文化についてこう説明しています。

「組織文化とは、組織で働く人々が何となく共有している価値観や雰囲気、クセのこと」

「社内の誰かを見て、あんなふうに仕事をするのは格好いいな、自分もあんなふうに働きたいなと、組織の中の人が共通して思う姿のこと」

「格好いい」は価値観です。この価値観を評価し、自分も同じように仕事をしたいと思う人が組織の中で増えていくと、その「格好いい」は組織文化になっていきます。

ところが、何が格好いいのかという具体的な言動は明確には言語化されていません。

先進的なプロダクトを生みだすことを格好いいと思う組織もあれば、誰にとっても使いやすくて売りやすいプロダクトを開発することが格好いいと考える組織もあります。とにかく新規顧客を増やして売り上げを伸ばすことが評価される組織もあれば、契約数よりも社会的認知度の高い大企業から受注することを良しとする組織もあるでしょう。

象徴的なのが、アップルとアマゾンの対比です。ベン・ホロウィッツ著『WHO YOU ARE』（日経ＢＰ）に、こんな表現があります。

「アップルの文化は、アマゾンでは絶対に通用しない。アップルでなにより優先されるのは、世界一美しいデザインを生み出すことだ。50億ドルもかけておしゃれな新本社ビルをつくったのも、デザインに対する彼らのこだわりをさらに強く打ち出すためだ。それとは対照的に、アマゾンのジェフ・ベゾスは『他社の利幅が大きなところに、自分たちの商売のタネがある』と言う。この主張をさらに強調するために、ベゾスはすべてに倹約を徹底し、社員には10ドルのデスクを使わせていた。どちらの文化もうまくいっている。アップルはアマゾンよりはるかに美しいプロダクトを生み出し、アマゾンはアップルよりも圧倒的に安いプロダクトを提供している」

アマゾンから見れば、アップルが50億ドルもかけて新社屋を建設することなど、不合理の極みでしょう。逆にアップルから見れば、アマゾンがデザインを生みだす社員に10ドルのデスクを使わせることなど、言語道断のはずです。

同じ業界の企業でも、その組織文化はまったく異なります。たとえば、総合商社の伊藤忠商事と三井物産、三菱商事。航空会社の全日本空輸と日本航空、鉄道会社ならＪＲ東日本とＪＲ東海、ＪＲ西日本は、それぞれ個性が異なります。

同じようなビジネスモデルで、同じような事業を営みながらも、なぜかそれぞれの組織に漂う空気や、その中で交わされている会話が違うのです。それは、組織の中で無意識のうちに共有される価値観、つまりは組織文化が異なっているからです。

■一つの事実をどう解釈するのか

組織文化を理解するときに気をつけなければならないことがあります。組織文化とは、成果や結果、表面に出ている何らかの事象そのものではないということです。

「試合に勝った」「売り上げが伸びた」「ライバル会社からシェアを奪った」という事実は、単なる現象でしかありません。

組織文化を知るときに着目したいのは、こうした事実に組織内の人々がどのような反応を示しているのかという点です。それは同時に、組織内の一人ひとりの心の中にどんな感情が生まれたのかということでもあります。ここに、組織文化が表れます。

たとえば、ある業界でトップシェアの企業があったとしましょう。その会社は長年トップの座を守り続けていますが、ここ数年は2位の企業にかなり肉薄されている状況です。このようなとき、トップ企業が自分たちの置かれている状況をどのように把握しているのかというところに組織文化は如実に表れます。

「昔からトップなのだから、多少追いつかれても問題ない」と思うのか、「2位に肉薄されている状況が我慢できない」と焦るのか。

事実は一つ。ところが、その事実にどう反応するのかは企業によって異なります。

前者は「現在トップである」という事実を重要視しています。後者は、「トップだが、2位に追いつかれそうな状況」を意識しています。前者の組織文化がトップなら問題ないと考えるのに対して、後者の組織文化は圧倒的トップシェアでないと許されない、といえるでしょう。

私が主将と監督を務めた早稲田大学ラグビー蹴球部は歴代、「優勝しなれなければ負け」という価値観を共有していました。どんなに善戦しても、準優勝までいっても、日本一にならなければ意味はない。そんな組織文化がありました。

どのような事実に鋭く反応するのか。ここに組織文化が出るという典型的なケースです。

シェア以上に、組織文化が顕著に表れるのが予算に対する反応です。

多くの企業が年間の売上高や利益の目標をブレークダウンした月次予算を策定します。実績が月次予算に届かなかったとき、ある企業では上司から強い圧力がかかります。周囲の同僚にも同じような空気が流れ、未達だったことがいたたまれなくなります。それは「予算未達は許されない」という共通の価値観がこの企業の根底にあるからです。

一方で予算未達でも圧力はほとんどなく、「新型コロナウイルスの影響で」「業界全体が縮小傾向だから」と理由を挙げてうやむやにする企業もあります。あるいは「結果ではなくプロセスが大事。結果は時の運」と考える企業もあります。それが組織文化です。

大切なのは、こうした反応に良し悪しはないということです。繰り返しますが、組織文化とはその組織の中にある固有の「好き嫌い」や「こだわり」なのです。

■一人ひとりの感情が組織文化となる

組織文化は、一般的なべき論で語ってはいけません。

「試合には勝つべきだ」

「売り上げは増やすべきだ」

「ライバル会社からシェアを奪うべきだ」

こうした何となく正しそうなべき論に、組織の中で働く人たちの意思は関係ありません。誰かが決めた「〇〇すべきだ」という価値観は組織文化ではないからです。

そうではなく、ある事実に対して、組織の中の人たちが感情を揺り動かして思わず生まれた反応に組織文化の一端が表れます。

「試合に負けた」という事実に「悔しい、絶対に勝ちたい」と思うなら、それは勝利にこだわる組織文化の象徴です。

「売り上げアップ」という事実に対して「それができる人は格好いい」と思うのも組織文化といえるでしょう。

「ライバル会社からシェアを奪った」という事実に喜ぶなら、それも組織文化の一端です。

つまり組織文化は、その事実に対して一人ひとりがどのように感情を揺さぶられているのかという現象なのです。

組織文化と聞くと、個々人ではコントロールできない大きなものを想像するかもしれません。しかし組織文化とは、そこに属する一人ひとりの感情の集積なのです。

個人の感情と組織文化は相似関係にあります。

雪の結晶や野菜のロマネスコ、ブロッコリーは、「フラクタル構造」になっています。フラクタル構造とは、最小単位の形と全体の形が相似形になっている構造のこと。ロマネスコなどと同じように、組織文化もフラクタル構造になっています。つまり事実に対する一人ひとりの反応の集積が、組織文化になっているのです。

組織文化を知ることとは、事実に対するそれぞれの人の受け取り方や感情が集積した結果起こる組織特有の意味づけを知るということです。

組織文化を変えるには、そこに属する一人ひとりの反応や態度を解き明かし、言葉や行動を変えることが必要になります。一人ひとりの変化なくして、組織文化は変わりません。

そして個々人の反応を知るために必要なのが、感情や弱みをさらけ出すことです。

■ 自分の感情を知らなければ成長できない

「はじめに」でも取り上げたように、ラグビー日本代表の強さの源泉となっていたのは、「ワンチーム」という言葉に象徴される、素直に自分の感情や弱みをさらけ出せる心理的安全性の高い環境でした。結束力の強い組織になるには、組織の中にいる人が自分の感情を知り、率直にそれを打ち明けられるような人間関係が欠かせません。

そこで、改めて自分の感情を知り、それをさらけ出す重要性について言及しましょう。

人間を構成する人格は一つではありません。

一人の人間の中にはさまざまな自分がいて、場面によっていろいろな考え方をするものです。同じテーマでも場所や所属する集団が違えば考え方も変わるのが一般的です。自分の中には冷静な自己もいれば情熱的な自己もいて、ポジティブな自己もいればネガティブな自己もいます。人間とは極めて多面的な感情を持つ生き物なのです。

だからこそ、多くの人が「自分らしさとは何か」「どんな状態が自分らしいのか」がわからずにいます。

自分らしさを見失いそうになったときに大切になるのが、自分の中にある人格をさらけ出すことです。心の中にある感情や意思、好き嫌いやこだわり、本音をすべて出す作業を通してしか、自分らしさを知ることはできません。

自分の考えや感情を把握していなければ、本当の意味で他者と意思疎通することはできません。他者からフィードバックを得ることもできませんし、フィードバックをもらえなければ他者に自分がどう映っているかもわからず、独りよがりの言動が増えてしまいます。

自分が何を考え、どんな目標を達成していきたいのか。他者からどう見られて、どのような部分で他者に貢献し、どのようなところでは他者の力を借りたいと思っているのか。

個人が成長するには自分をできる限りさらけ出し、現在地と目指す目標を明確にして変わる必要があります。

同じように組織もまずは本音をさらけ出し、自分たちがどんな価値観を共有しているのかを把握しなくてはなりません。

では、組織のさらけ出しは具体的に何から始めるのでしょうか。

実は組織の場合も、最初は中にいる一人ひとりが自分をさらけ出し、どうなりたいのかを明確にすることからスタートします。

■心理的安全性のある環境をつくれるか

人が普段、他者に見せたいのは、自分の誇りや過去の成功体験、美徳といった強い部分です。

一方で、弱い部分や傷つきやすい部分、最もデリケートなところは本来、人に見せたくない部分です。しかし、それをあえて他者に見せるのがさらけ出しです。

そうした自分の弱みを他者に見せる行為には勇気が必要です。場合によっては、傷つくこともあるでしょう。本音を語ることで非難を受けることもあります。それでも弱みを見せることからしか、自分らしさを知ることはできません。そのためには、心理的安全性のある環境をつくることが何より大切なのです。

セクシャリティのカミングアウトがわかりやすい例の一つでしょう。

ある男性は、本当は男性のことが好きなのに言えなかったとします。以前よりは受け入れられる土壌が広がりつつあるものの、いまだに好奇の目にさらされることもあります。その男性は自分をさらけ出すことを怖がり、本音を隠して生きていました。そのほうが無難だし、本音を打ち明けてバカにされたり、攻撃されたり、悲しい思いをしたりすることは避けられます。

こうして本音を隠したまま生きてきた人が、それをさらけ出して初めて自分らしさを確立する。傷つくこともあるでしょうが、自分をさらけ出して自分にウソをつかずにいるほうが生きやすくなるはずです。

実は組織文化も人間とまったく同じ構造です。

何か別の組織になろうとして他社と比べるのではなく、弱点や欠点も含めた組織そのものを知ること。自分たちの組織がどのようなものかを知らなければ、その組織らしさを強化することも、弱点を修正することもできません。

■ 最下層に隠された「らしさ」

弱みをさらけ出し、時には自分を疑うことで見えてくる「素」の自分。これを「オーセンティシティ＝Authenticity（飾り気のない自分らしさ）」といいます。

個人のオーセンティシティと組織のオーセンティシティも、フラクタル構造になっています。個人のオーセンティシティは「自分らしさ」、組織のオーセンティシティは「組織らしさ」、つまりは組織文化です。

組織文化は、そこに属する一人ひとりの自分らしさの集積です。ただし、組織文化はピラミッドの最下層にあり、普段は意識されない何となく共有されている価値観なので非常に見えづらいものです。

そのため組織文化を知るには、まず中にいる人のオーセンティシティを知ることからスタートするとよいでしょう。

ところが個人の自分らしさも、組織に属していると見えづらくなります。人は組織の中で自分を守ろうとする生き物です。組織にとって正しいとされることを言っている間は、攻撃を受けることはありません。しかし、組織の価値観と異なる自分の主張や好き嫌いを出した瞬間に、非難を受ける可能性があります。それを避け、自分を偽って組織の価値観に合わせた振る舞いをするようになってしまうのです。

組織の中の一人ひとりが自分らしく振る舞えていなければ、同じようにその組織も社会から攻撃を受けないよう、本来のその組織らしさを隠して偽った姿であろうとします。これはオーセンティシティとはほど遠い状況です。

組織がオーセンティシティを大切にしたいなら、まずは中にいる一人ひとりが自分らしさを出していかなければなりません。個人の恐れの壁を壊して、本音で語り合うことが必要なのです。痛みを伴いますが、それこそが組織文化を変える最初の一歩となります。

■ 常識を破壊する「アンラーン」

現在の自分らしさを知り、目指す姿がわかって初めて、現在と将来のギャップが意識できるようになります。

そのギャップを埋めることができれば目標を達成できますが、現在のままでは到達できないとわかったら「アンラーン＝Unlearn（学びほぐし）」に取り組みましょう。

一般にいわれる「ラーン＝Learn（学び）」は、自分の知らない新しい知識を身につけることを意味します。これに対してアンラーンは、これまで学んだ知識をいったん破壊し、常識という思い込みの壁を取り除くことです。

将来なりたい自分に変わるには、単に学んで新しい知識を手に入れるだけでなく、それまで自分が頑張って身につけてきたものを打ち壊す必要があります。

アンラーンによって思い込みの壁を壊し、怖さを乗り越えればまっさらな状態で新しい学びを受け入れることができます。こうして古い価値観を手放したあとには、新たな知識を学ぶ「リラーン＝Relearn（学び直し）」が必須です。

個人と同じように、組織が変わるためにもアンラーンが必要です。

将来なりたい組織像を描いたら、まずは弱みをさらけ出して自分たちの姿を知り、自分たちらしさは何かを明確にします。

そのうえで、もし現状の姿と思い描く姿にギャップがあるなら、これまでの常識や思い込みを壊して学び直し、新たな知識を獲得していくのです。

自分をさらけ出すことで本当の自分を知ることも、これまでの常識や思い込みをくつがえすという意味ではアンラーンの一つです。つまりアンラーンとは、組織文化を知り、変えるときに必ず実践しなくてはならないものなのです。

これまで私が手がけてきたリーダー育成では、個人のアンラーンを扱ってきました。一方、本書で取り組むのは組織文化を変革して強く生まれ変わる組織のアンラーンです。

■痛みに向き合う覚悟はあるか

組織文化を変えようとするときには覚悟が必要です。

なぜなら、時には居心地の悪さや痛みを覚えることがあるからです。それを克服しなければ、強い組織に生まれ変わることはできません。人間の発達プロセスを明らかにする成人発達理論でも、人が成長するときには痛みを伴うとされています。

人も組織も成長の過程は同じです。

腕立て伏せを100回できるようになるという目標を掲げたとしましょう。最初は苦しくて30回しかできなくても、トレーニングを積むことで100回まで簡単にできるようになります。

これは、その人がトレーニングという痛みを伴って成長したことで「アンカンファタブル＝Uncomfortable（心地の悪い）」な状況が、「カンファタブル＝Comfortable（心地の良い）」な状況に変化したからです。

さまざまな制約のある中で、痛みを伴う努力によって自分が置かれている心地の悪い状態から心地の良い状態に変化させていくことが、人間の成長です。

70ページの図にあるように、人間の置かれた状態には三つの空間があります。

最も内側にあるのが「コンフォートゾーン（快適な空間）」です。状況や環境に不安を感じない心地良い空間で、意識をしない普段の行動は、コンフォートゾーンの中にいる状態だと考えてください。

コンフォートゾーンの外側にあるのが「ラーニングゾーン（学びの空間）」です。自分の能力を超える仕事やスキル、未知の体験をするときに不安がある状態を指します。

無意識に行動できる慣れ親しんだ状態から一歩踏み出しているので、ラーニングゾーンは心地の悪い状況です。これを心地の良い状況に変えようと意識的に努力することで、人は成長します。これは最近、企業でも導入が進む「越境学習」と同じようなものです。越境学習では異なる業界や業種、地域や環境に身を置くことで人材育成を図ります。

ラーニングゾーンの外側にあるのが「パニックゾーン」と呼ばれる危険な空間です。ここでは自分の能力をはるかに超える水準を求められるため、精神的にも肉体的にも追い込まれた状態になります。

■ ラーニングゾーンを広げて成長していく

コンフォートゾーンを飛び出してラーニングゾーンにいる機会を増やし、さらにはラーニングゾーンを広げていくと、人や組織は成長できる（図は著者作成）

繰り返しますが、成長については人も組織も同じような過程をたどります。

人や組織が成長するには、ラーニングゾーンに飛び出す必要がありますが、パニックゾーンまで飛び出してしまうと必要以上の負荷がかかり非常に危険な状態になります。ここに連れていくのは勧めません。

筋トレにたとえると、ラーニングゾーンは適切な強度のトレーニングでほど良い筋肉痛を感じますが、パニックゾーンは過度な強度で筋断裂を起こしてしまう危険な状況です。また常にラーニングゾーンにいると、緊張が張りつめたままで疲弊し、成長から遠ざかってしまいます。

人や組織が成長するときには、コンフォー

トゾーンとラーニングゾーンをうまく行き来するのが理想です。そのうえで、なるべくラーニングゾーンにいる機会を増やし、少しずつラーニングゾーンを広げていくこと。すると、もとはパニックゾーンだった部分もラーニングゾーンへ変わり、以前は自分の能力を超えていた高度な課題にも対処できるようになります。

現在の知識や過去の成功体験を捨て、違うものを受け入れることで、人や組織は成長します。

慣れ親しんだ価値観を手放し、違和感のある価値観を受け入れるのは怖いものです。心地の良さを手放さなくてはならないわけですから、人も組織もアンラーンが得意ではありません。痛みを伴うとなれば、なおさらでしょう。それでも乗り越えていくと新しい自分に変わっていきます。これこそが成長の本質です。

■組織文化に良し悪しはない

すべての組織に文化があります。良い文化も悪い文化もありません。

それぞれの組織の中にある普段は言葉にしないけれど何となく共有されている価値観、そんな組織固有の暗黙知が組織文化です。

現在、あなたが所属する組織の文化は自分たちの理想とする姿につながっているでしょうか。

もし現状の組織文化のままでは描く理想像に到達できないなら、変わらなくてはなりません。本書でお伝えしたいのは、あなたが属するチームや組織、企業の組織文化を目指す姿に到達できるように変革する方法です。

その第一歩が、現状の組織文化を知ることです。

では、どのように自分たちの組織文化を知ればいいのでしょうか。

第三章からは本格的に、組織文化の変革に入っていきましょう。

第三章

組織文化を「知る」

あなたの会社やチームには、どんな組織文化がありますか――。

こう問われて、即答できる人はどれほどいるでしょうか。

組織文化は企業の未来を左右する割に、自分たちの組織文化について明確に言葉にできる人は少ないように感じます。

第二章でも説明した通り、組織文化を知るために大切なのは、組織の中で起こった事実ではなく、起こった事実に対する中の人の反応や態度です。言い換えれば、普段当たり前のように交わされている会話や行動の軸となる価値観、何となく共有されている組織の中の常識とも表現できます。

厄介なのは、それがあまりにも当たり前であるため、自分たちの組織文化はわかりづらいということです。当たり前だと思い込んでいることをあえて疑う人はなかなかいません。だからこそ組織文化は意識されづらく、非常に見えにくいのです。

組織文化を知るには、そもそも「わからない」という前提からスタートすべきです。

そのうえで、自分たちが毎日、何となく抱いている感情や態度、行動を明瞭に言葉にすること。意識して疑問を持つようにし、自分たちが何者なのかを考えようとすることが組織文化を知るスタート地点となります。

■「自分たちは何者なのか」

自分を知ることが、すべての知恵の始まりである――。


これは古代ギリシャの哲学者、アリストテレスの言葉です。

この言葉は企業経営においても非常に大きな意味を持ちます。

たとえば、現代まで生き残っている老舗企業は、自分たちの組織文化についてよくわかっています。それは過去に、経営危機や業績不振に直面し、追い込まれた状況の中で生き残るために「自分たちは何者なのか」と考えたからでしょう。

業績が順調なときに「自分たちは何者か」と問う企業は多くはありません。うまくいかなくなって初めて、自分たちがやってきたことは正しかったのか、このまま変わらなくていいのかと考えるようになるのです。

業績不振に陥ってから唐突にこう問いかけても正しい答えを導くことは難しいはずです。

だからこそ平時から、意識的に自分たちが何者なのかを考えておく必要があります。

自分たちが何者かを考えるときに不可欠なのが、組織文化を知ることです。

自分たちの組織文化を知ることは、企業の現状や行く末を把握する源になります。

これまでも、組織文化を知るためのさまざまなメソッドが紹介されてきました。ただ残念ながら、その本質を深く理解して実践している企業は多くはないようです。

たとえば、ジム・コリンズ著『ビジョナリー・カンパニー 時代を超える生存の原則』（日経ＢＰ）には、「ビジョンを描くには、そもそも自分たちは何者かを知るところから始めないと、どこに向かうかわからなくなる」という趣旨のことが書かれています。企業経営では当たり前となったビジョンの大切さは、この本が25年以上前に語っています。

それ以来、優れた企業には明確なビジョンやミッション、バリューが掲げられているとされ、多くの企業がそれを実践してきました。

ただし残念なのは、メソッドをなぞるだけで、それらがなぜ企業経営に大事なのかという本質まではあまり理解されていないケースもあることです。

何となく自分たちの組織の理想像のようなものをつくってみたところで、本質まで掘り下げなければうまくは回りません。そのため、これらの言葉が機能せずに形骸化したケースも多いように感じています。

また2009年刊行、サイモン・シネック著『Start with Why』（邦訳は2012年の『WHYから始めよ！』日本経済新聞出版）も大きな影響を与えました。

「WHY」から考えると、「なぜ自分たちが存在しているのか」「なぜこの会社をつくったのか」「なぜこの会社で働いているのか」、さらに突きつめていけば「自分たちは何者なのか」について考えざるを得ません。

自分を見つめ、自分の会社を知り、そこにある組織文化を把握しなければならなかったはずですが、『Start with Why』もノウハウは広がったものの、本質まで深く掘り下げて理解されることは少なかったように感じています。

■本質的な問いを立てる

人は真剣に考えなければならない局面に立つと、思考のスイッチが入ります。

「自分たちは何者なのか」「自分たちの根底にある組織文化は何か」を考えずして、強い組織をつくることはできません。本当の意味で成長し、未来を切り拓く企業になるためにも「自分たちは何者か」という問いは欠かせません。

組織文化を知り、変える必要のあるものは変革していく覚悟も必要になります。

組織文化を知ることは、成長を続け、組織をより強くしたいと考える人にとって重要なことです。現在の課題を解決したいと思い、将来に対する問題意識を持っている人にとっても、組織文化の知見は必要です。

組織文化を知り、変えて、進化し続けることは努力なしには成し遂げられません。それも組織文化はその中にいる人たちがつくり、育てていくものなので、環境の変化や担い手の変化によって常に揺らぎます。そのため一度変えれば終わりということはなく、常にモニタリングし、繰り返し見返す必要があります。

もし組織文化をきちんと把握し、思い描く形に変え、進化させ続けることができれば、チームや組織、企業はぐっと強くなるはずです。

■ 組織文化は無意識の中にある

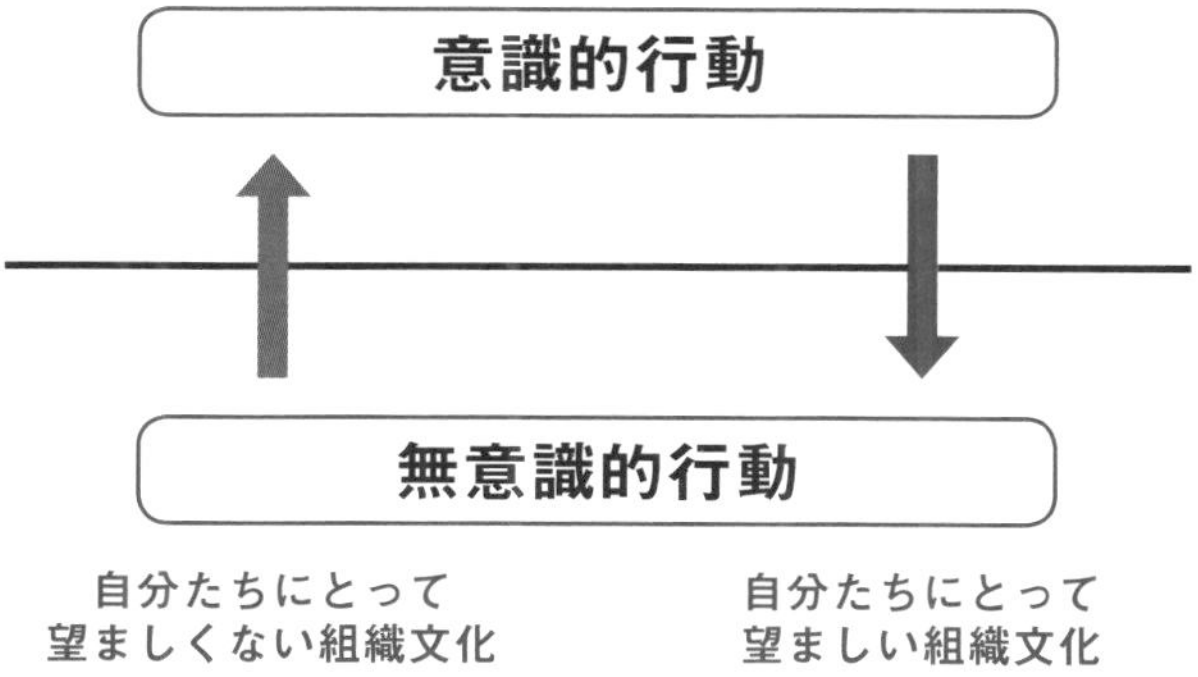

無意識下にある望ましくない組織文化を意識化し、言葉と行動を変えて、無意識の望ましい組織文化として定着させていく（図は著者作成）

本書で紹介するのは、私とチームボックスが現在、さまざまなチームや組織、企業に提供しているフレームワークです。

実際は非常にきめ細かなヒアリングや診断、実践リストがあるのですが、本書ではそれを一人ひとりが実践しやすいように簡略化しました。

組織内のあらゆる行動は、意識できている部分と無意識の部分に大別できます。

上の図で示したように、組織文化は基本的に組織に属する人の無意識の中にあります。

それを知るには、無意識下にある組織内の行動のひきがねになっているものを顕在化させなくてはなりません。
そのための方法は大きく分けて三つあります。

①自分で知る
②他者に聞く
③他者と触れ合う

それぞれの方法をお伝えしていきましょう。

❶-1 自分で知る——自己認識を明らかにする

まずは自分たちの力で組織文化を知る作業を進めてみましょう。

最初の段階は「内的自己認識」を掘り起こすことです。内的自己認識とは、簡単にいえば自分が自分をどう思っているかということです。組織の中にいる人が、自分たちの組織をどう思っているか、何を大事にしているかを明確にしていきましょう。決して難しくはありません。試しに次のような問いを投げかけてみてはいかがでしょうか。

✓組織が最も大切にする価値観は何か
✓この組織の強みは何か
✓どんな成果を評価するのか
✓どんなプロセスを評価するのか
✓どんな顧客がいるのか
✓どんな従業員が働いているのか
✓どんな株主がいるのか
✓重要視している制度は何か
✓重要視している社内行事は何か
✓ビジョンやミッション、バリュー、社是は何か

組織文化は、あらゆる部分から知ることができます。

たとえば「組織が最も大切にする価値観は何か」という問いの答えが、「成果」だったとします。すると、それは給与や人事評価にも反映されているはずです。

自分たちにとっては当たり前のようなことでも、あえて言葉に落とし込んでいくと組織文化の輪郭がくっきりと見えてくるはずです。

1－2 自分で知る――チェックリストで客観的に評価する

自分で組織文化を知る手がかりとして、チームボックスが顧客に提供しているチェックリストを使う手もあります。「ＴＢスキャン」と名づけたこのサービスでは、厳選した33項目の要素を通して、現在の組織の状態を診断しています。

実際のサービスでは、顧客企業の対象となった人たちに、約60近い質問に回答していただき、その結果見えてきた組織の特徴を33項目でお伝えしています。

33項目の特徴に整理することで、普段何となく共有しているけれど言葉にできていなかった組織文化を顕在化させるのが目的です。

組織文化を知る12のチェック項目

自分たちの組織はどんな状態ですか。下記の項目に点数をつけてください。

1	役割認識	メンバーそれぞれが、組織の目標達成のために自らが果たすべき役割を認識できている状態	1・2・3・4・5・6
2	目標共有	メンバーそれぞれが、組織の目指す目標を明確に理解している状態	1・2・3・4・5・6
3	目標共感	メンバーそれぞれが、組織の目指す目標に共感し、誇りを持っている状態	1・2・3・4・5・6
4	挑戦	メンバーそれぞれが、失敗を恐れず、新しいアイデアや方法を用いて挑戦を続けている状態	1・2・3・4・5・6
5	個性の発揮	メンバーそれぞれの能力やそれを生かすようなアイデアが、十分に引き出されている状態	1・2・3・4・5・6
6	主体性	メンバーそれぞれが、自ら考え、やるべきことを見つけだせている状態	1・2・3・4・5・6
7	情熱	メンバーそれぞれが、やる気と熱意を持って業務に取り組んでいる状態	1・2・3・4・5・6
8	言える化	メンバーが立場や年齢に関係なく、思ったことを言えるような環境がつくられている状態	1・2・3・4・5・6
9	見える化	ほかのメンバーや組織内の異なる部署が取り組んでいる業務内容を、互いに把握できるようにわかりやすく整理できている状態	1・2・3・4・5・6
10	使命感	メンバーそれぞれが、組織が社会で果たすべき役割を認識したうえで業務にあたっている状態	1・2・3・4・5・6
11	規律性	メンバーそれぞれが、社会の規範や組織内のルールを守れている状態	1・2・3・4・5・6
12	一体感	メンバー同士の信頼関係をもとに、目に見えるほどの一体感がつくられている状態	1・2・3・4・5・6

チームボックス「TBスキャン」から12項目を抜粋し、チェック項目として利用できるように編集。次のURLからダウンロードできます
http://corp.teambox.co.jp/special/wc/

約60の質問から導きだす33項目の特徴には、組織論や組織心理学、社会学、コーチング、パフォーマンス理論など、ビジネス分野とスポーツ分野を中心に、さまざまな知見が生かされています。

実際のサービスとは異なりますが、本書では簡易版として、ＴＢスキャンで整理する33項目のうち12項目をご紹介します。

それぞれの項目に対して、自分たちで6段階の点数をつけてみましょう。

12項目とはいえ、組織文化を知る手がかりとしては十分に有効です。組織の健康診断だと思って気軽に取り組んでみてください。

実際の企業コンサルティングで、チームボックスがチェックリストの結果が出たあとによくするのは、クイズ形式で自分たちの組織の状態を予測してもらう作業です。

「33項目のうち、どれが点数の高いベスト5だと思いますか」

「33項目のうち、どれが点数の低いワースト5だと思いますか」

こう問いかけると、ベスト5の項目にはばらつきがあるのに対して、ほとんどの企業でワースト5の項目は共通します。社員数が１００人規模の企業であれば、ワースト5の結果はほとんどぶれません。

数百人以上の規模の企業で部門ごとに調査を行うと、部門によってまったく異なる結果になります。これは同じ企業でも部門によって組織文化が異なるからです。

会社全体で出したワースト5の項目と、自分たちの部門のワースト5の項目に乖離《かいり》が生じることもよくあります。

チェックリストを通して意識していただきたいのは、どこにギャップがあるかという点です。ギャップとは、強みと弱みの認識の差とも言い換えられます。

組織によっては、ほとんどすべての項目が同じくらいの点数になるところもあれば、平均値は同じでも点数の高い項目と低い項目との差が大きいところもあるはずです。上司と部下で強みと弱みの結果がまったく異なるケースもありますし、新卒社員と古参社員で強みや弱みの評価にズレがあることもあるでしょう。

特徴的な強みや弱みが一致していれば、強みと弱みが全員で共通認識されていることになります。反対に結果が人によってばらついていたら、感じていることが違うということです。

どちらがいいというわけではありません。自分の組織の特徴を知ったうえで、どのような組織文化をつくりたいのかを考えていきましょう。

このチェックリストは、組織の中にいるいろいろな立場や部門の人に回答してもらうのがベストです。可能であれば組織の中の全員に答えてもらうことを推奨します。なぜなら、その集合値が組織文化の現状を知ることに役立つからです。

ただ、数千人規模の企業で全社員に一斉に実施するのは大変でしょう。現実的には、企業の中の最小単位の組織（課やチームなど）から始めましょう。おそらく5人から10人の単位の組織で実施することが多いと思いますが、その中で全員に回答してもらうのです。

小さな組織から始めて、調査対象を少しずつチームから課、部、部門、全社と、対象を広げていってもいいでしょう。

意識していただきたいのは、チェックリストの結果は組織文化を知るためのきっかけづくりでしかないということです。

大切なのは、結果を生かしてどれだけ組織の中で対話を重ねるかです。

具体的には、次のような対話をしてみてください。

✓なぜ、この項目は点数が高いのか
✓なぜ、この項目は点数が低いのか
✓なぜ、この項目は一致したのか
✓なぜ、この項目はぶれたのか
✓以前と比べて結果に変化はあるか
✓10年後、どんな結果になっていてほしいか

単に結果を顕在化するだけではなく、その結果を互いに共有し、意見を言い合うこと。結果を題材にして、どこにギャップがあり、上司や部下、新卒社員や古参社員で評価の傾向が異なるなら、なぜそんな現象が起こったのかと対話を重ねること。この対話が、組織文化を知るプロセスになります。

33項目ではなく12項目でも十分に効果があるのは、そんな理由があるからです。

このような調査をすると、つい調査を実施したことで満足してしまいがちです。

ただし、ある項目に特徴的な強みがあるからといって、それがその組織の目指す姿であ

るとは限りません。同じように特徴的な弱みがあるからといってダメな組織というわけでもないでしょう。人間にたとえれば、行動力があり積極的という強みは、裏返せば慎重さに欠けるともいえます。この調査で導きだされた強みや弱みも、単にその組織の現状の特徴であるというだけです。

しつこいようですが、調査はあくまでも組織文化を知るためのきっかけづくりにすぎません。そこから対話を重ね、本当の意味で組織文化を知る道具として活用してください。組織に関わるあらゆる人と対話を重ねながら、全員で理解することが重要なのです。

1-3

自分で知る――4つの「場」で多角的に調べる

組織文化が色濃く表れる「場」からアプローチする方法もあります。まずは左ページの図をご覧ください。

横軸にあるのが「フォーマル」「インフォーマル」、縦軸にあるのが「現場と遠い」「現場と近い」というマトリックスです。それぞれの象限に当てはまる「場」から、自分たち

■ 4つの「場」から組織文化を知る

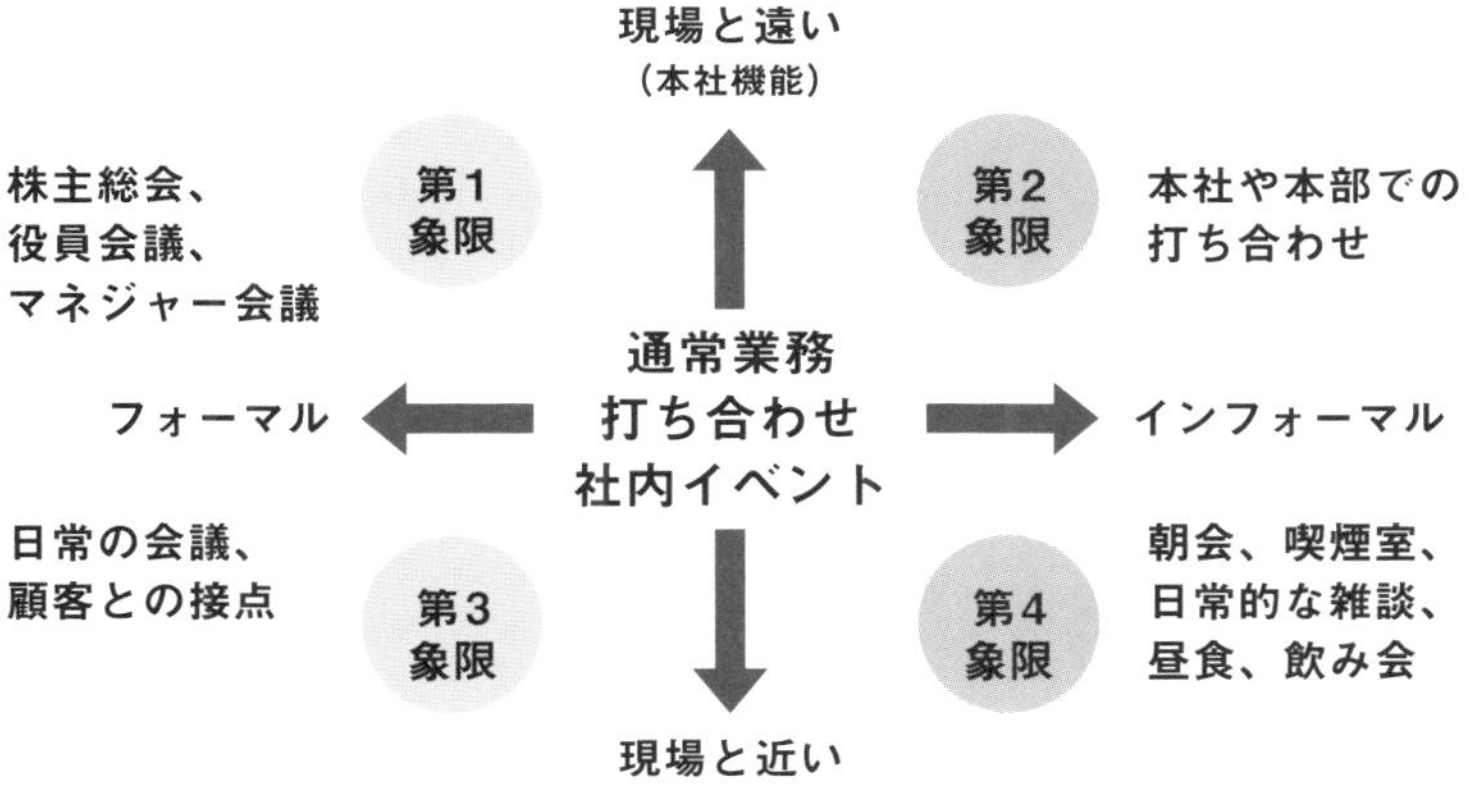

それぞれの「場」で、発言者や発言量、反応、意思決定の進め方などをチェックすると組織文化がわかる（図は著者作成）

の行動や言動を考えてみましょう。

「フォーマル×現場と遠い」が第1象限、「インフォーマル×現場と遠い」が第2象限、「フォーマル×現場と近い」が第3象限、「インフォーマル×現場と近い」が第4象限としました。

すべての象限から組織文化を知ることができますが、組織文化が表出する濃度はそれぞれの象限によって異なります。

第1象限から第4象限に向かうほど、組織文化がより日常的ににじみ出てきます。反対に第4象限から第1象限に向かうほど、組織文化は表面に表れづらくなります。それぞれの象限で代表的な場を挙げてみましょう。

第1象限──（フォーマル×現場と遠い）株主総会、役員会議、マネジャー会議
第2象限──（インフォーマル×現場と遠い）本社や本部での打ち合わせ
第3象限──（フォーマル×現場と近い）日常の会議、顧客との接点
第4象限──（インフォーマル×現場と近い）朝会、喫煙室、日常的な雑談、昼食、飲み会

たとえば、「みんなで決める」という組織文化をつくりたいとしましょう。

そう言いながら、第1象限にある役員会議では決議事項についてほとんど議論がなされず、社長の意見に追従するだけなら、その組織文化は残念ながらみんなで決めているとは言えません。

第2象限の本社や本部での打ち合わせでも、議論がほとんどなく、影響力の強い特定の人物の意見に流されていれば同じでしょう。

会議や打ち合わせの場合、参加者の発言量や発言回数は録音しておけば客観的に評価することができます。参加者が満遍なく発言しているのか、特定の人物だけが話しているのかという側面から、民主的な組織かどうかわかるはずです。

第1象限と第2象限は本社や本部で観察すべき「場」です。第3象限と第4象限は現場

でチェックすべき「場」になります。

第3象限の日常的な会議の様子は、本社や本部の様子よりもさらに組織文化がわかりやすくなるはずです。たとえば日常的な会議の中でどのような会話が交わされ、どのような判断基準で行動しているのでしょうか。一人ひとりの言動だけでなく、それに影響を与えている仕組みや制度まで可視化していくと、より組織文化が立体的に把握できるようになります。

ぜひ、次のようなポイントをチェックしてみてください。

✓現場のフォーマルな会議で、どこまで自由度が認められているか
✓インフォーマルな日常的な雑談で何が語られているか

「みんなで議論しましょう」と言いながら、そのスペースがないケースもあります。物理的な場づくりも、組織文化を知るうえでは重要なチェックポイントの一つです。

第4象限で組織文化を知るのにわかりやすいのは昼食の状況です。もし職場に食堂や休憩スペースがあるなら、昼食時間に次のポイントを見てみてください。

✓社員と派遣社員やアルバイトが一緒に昼食を食べているか
✓上司と部下が一緒に昼食を食べているか
✓食事中に雑談があるか

次のようなルーティンワークも大切なチェックポイントになります。

✓外部からの電話に出るのは誰か
✓来客にお茶を出すのは誰か

いつも若い人が電話を取るなら、そこには暗黙の上下関係があると考えられます。来客にお茶を出すのがいつも女性なら、男尊女卑の色合いが残っているかもしれません。

組織にはオフィシャルなルールとは別に、暗黙のルールが必ず存在します。当たり前の慣行なので気づきにくいかもしれませんが、その部分を意識的に見てみましょう。

第1象限や第2象限で見た本社や本部の状況が、第3象限や第4象限で見た現場でも同じように起こっているケースもあれば、本社や本部とはまったく異なる組織文化が現場で育まれているケースもあります。

しかも、本社や本部に比べて現場の状況は千差万別です。それぞれの現場で表出する特徴が異なることもありますから、現場ごとにつぶさに組織文化を知ることが大切です。

たいていの企業は、ここまで紹介したチェックリストとマトリックスを活用すれば、組織文化が見えてきます。私も普段はこの二つの方法を重視しています。

2-1 他者に聞く——まずは他者の評価を予測する

自分たちの組織文化を知るために大切なもう一つのアプローチが、外的自己認識を把握すること、つまり自分たちが他者からどう見られているかを知ることです。

といっても、いきなり他者へのヒアリングを始めるのは早計です。最初は、まず自分たちが他者からどう見られているのか、予測を立てることです。

なぜ予測が大切かというと、自分たちの予測と他者の評価の間にギャップがあると、そこに組織文化を知るカギが隠されているからです。

仮に両者にギャップがなければ、普段から他者の視点を取り入れている組織なのかもしれません。その場合は、組織文化を知る作業にさほど時間を費やさなくても済むはずです。自分たちは、他者からどう見られていると思うのか。可能であれば、予測を立てるときは社内の幅広い人に意見を聞いてみましょう。日本ではつい声の大きい人の意見に流される傾向がありますが、組織の本音をよく知っているのは、むしろ声の小さいマイノリティの人たちです。間接部門や若いスタッフ、普段はあまり発言しない人、男性中心の組織なら女性の声をすくい上げて、予測の精度を高めていきましょう。

他者からどう見えるのか予測を立てるのと同時に、誰にどのような質問をすべきなのかも考えてみましょう。他者に聞くのは次のような内容です。

✓会社の良いところ
✓会社の悪いところ
✓心地が良いと感じるところ

✓心地が悪いと感じるところ
✓この会社を身内に薦めたいか

これらはすべて組織文化と密接に関わっています。

特にわかりやすいのが、「この会社を身内に薦めたいか」という質問です。

コンサルティング会社大手のベイン・アンド・カンパニーは、顧客ロイヤルティを測る手法として「この商品を友人や同僚に薦める可能性はどのくらいありますか？」と10段階で聞く「NPS（ネット・プロモーター・スコア）」という調査方法を提供しています。

NPSの結果は業績成長との相関が強く、正しく運用すれば企業の業績成長にも貢献するそうです。

この手法を、自分たちの組織文化を知るためのヒアリングに応用してみましょう。

どんなに給料が良くて、福利厚生が充実している企業でも、成果主義とうたいながら実態は年功序列で、オープンな職場といいながら実際には風通しが悪ければ、内情を知っている人が大切な身内に薦めたいとは思わないでしょう。

逆に、給料は安くて扱いにくい上司や同僚も多いけれど、そこで働くと成長できて楽しそうな雰囲気の職場なら「大変そうだけど挑戦してみる価値はあるよ」と身内に薦めるかもしれません。

どちらにしても、こうした直観的な評価に組織文化の特徴が表れます。

ところが、これらの質問はあえて聞かなければ教えてくれることはありません。だからこそ他者に聞く作業が必要なのです。

まずはどんな答えが返ってきそうか、しっかりと予測してみましょう。

2-2 他者に聞く——実際にヒアリングをする

他者からどう見られているか予測を立てて質問を考えたら、実際にヒアリングを始めましょう。

ヒアリングでは傾聴と観察を丁寧に行うこと。他者の反応や言葉を丁寧に拾いましょう。

ヒアリングの結果、その評価が自分たちの想像と合致していることもあれば、乖離していることもあるはずです。

対象となるのは、社外取締役や取引先、顧客、派遣社員やアルバイト、提携企業など、事業活動を通して日常的に接点のある相手がベストです。また最近入社した中途社員や最近退職した元社員などの意見も極めて貴重です。

最も簡単なのは、社外取締役や社外監査役などに会社の強みと弱みを整理してもらう方法です。

自分たちはいま、どんな状態か。どういう組織文化で、どこを目指していくべきか。社外取締役は組織の中にいる自分たちだけではわからない視点を与えてくれます。他者の目は多いほど精度が上がりますから、なるべく多くの社外取締役に協力を仰ぎましょう。

現場で最も効果的なヒアリングの相手は顧客です。

大切なのは、顧客の担当者以外の人が話を聞くことです。利害関係のある担当者が「うちの会社をどう思いますか」「営業スタイルについてどのように感じていますか」と聞いても、顧客は遠慮して答えてくれません。

本格的にヒアリングを実施するのであれば、組織文化の変革を担当するタスクフォースを社内に設けることをお勧めします。

「私は当社の組織文化の変革を担当しているのですが、当社の営業について忌憚《きたん》のないご意見をお聞かせください」

こう尋ねると、率直な意見を言ってくれる人もいるはずです。

さまざまな意見を聞いたうえで見えてきた組織文化を、残すべきか改めるべきかについて判断を下せばいいのです。

顧客に意見を求めてもさしたる反応がなければ、そもそも顧客に対してそれほど強い印象を与えられていないということ。こうした事態も含めて、耳の痛い話も出るものです。それらをすべて受け止める覚悟を持って、話を聞いてください。

また、ぜひ話を聞くべきなのが最近入社した中途社員と、最近退職した元社員です。

中途社員は、まだその企業の組織文化に慣れていないため、組織の中で共有されている価値観に違和感を覚えることもあるはずです。それを教えてもらいましょう。

現在、実際に中途社員に意見を聞いている会社は少ないようです。むしろ大企業や老舗企業の中には、中途社員をいち早く自分たちの組織の色に染めようとするケースもあるようです。それは非常にもったいない。中途社員の素朴な違和感や疑問、ギャップが失われる前に、自分たちの組織文化について話を聞きましょう。

離職者にも話を聞きましょう。離職理由は人それぞれ。起業や独立のために辞める人、他社の高いポジションに移る人など、すべての人が会社が嫌になって離職するわけではありません。

ネガティブな理由で辞める人はどうしても客観性が低くなるため、自分たちの組織文化を冷静に語ることはできません。一方、ポジティブな理由で辞めた人はより客観的に組織文化について理解している可能性が高いでしょう。

もちろん、離職者に本音を聞いたところで率直に話してくれるかはわかりません。そんな場合は、こう聞いてみてはいかがでしょうか。

「この組織に対するあなたの違和感をぜひ教えてほしい」

謙虚にお願いすれば、率直に教えてくれる人もいるはずです。

これからは人々の働き方が多様化し、一つの組織だけに所属する人は減っていきます。

副業をしたり、自分で会社を経営したりする人も増えるでしょう。全員がいくつかの組織に関わっている場合でも、あなたの会社が組織として成立している限り、そこには必ず組織文化が存在します。

コアな組織文化を中心に、同心円状に何層にも広がるイメージなのかもしれません。それをどこまで組織文化と捉えるかも、自分たちで定義しなければなりません。

正社員だけのコアな組織文化を大事にする企業もあれば、週3日だけ働く契約社員も含めた組織文化を大事にする企業もあるはずです。どちらが正しいというわけではなく、どこまでを仲間と考えるかという部分も含めて自分たちで考え、答えを見つけましょう。

私自身は、後者のような組織に興味があります。多様な働き方が浸透し、さまざまな組織に出入りする人たちは、さまざまな組織文化に触れています。他社の組織文化を持ち込んでくれるため、正社員だけが集まる組織に比べると、より多角的な視点から自分たちの組織文化を理解しやすくなるはずです。

さまざまな価値観にさらされれば、組織には変化が生まれやすくなります。古くて機能しなくなった価値観を変えようとする意識も高まるのではないでしょうか。

コアになる強い組織文化がない場合は、外から入ってくる多様な価値観に直面して混乱する可能性もあります。しかし、強烈な組織文化がなく、時代の変化に合わせて変幻自在に変われるのも組織文化の一つです。組織文化に正解はありませんから、どのような形であれ、まずは自分たちの姿を客観的に認識していきましょう。

③ 他者と触れ合う——違和感を覚える機会をつくる

組織文化とは事実に対する人々の反応に表れると説明してきました。ここで大切なのは、言葉にならない感覚です。

組織文化を知ろうとするとき、一人ひとりが自分の頭の中でいくら考えても違いや違和感に気づくことはありません。他者のフィードバックも、組織文化の全体像を指摘してくれるわけではないでしょう。

そこで自分たちの組織文化を知る三つ目の方法が、他者と触れ合うことです。

世の中には多様な意見や価値観を持つ人が存在します。ダイバーシティが進む中で、意見交換だけでなく、実際に他者との違いを肌で感じ、その感覚を言葉にしていくのです。

これまで紹介した「①自分で知る」や「②他者に聞く」は組織文化を「知る」ことが目的でした。しかし「③他者と触れ合う」のは、その体験を通して違和感を覚えることが目的です。

毎日、同じ職場で同じ仲間と働いていると、どうしても自分の価値観や考え方が固まり、新たな気づきが得られません。その点、普段は交流しない人と触れ合えば、新しい刺激を受けていままでにない気づきが得られるはずです。

自分とはまったく異なる職種や業界で働く人の話に違和感を抱くこともあるでしょう。この違和感こそが、自分たちの組織文化をより立体的に把握するのに役立つのです。

最初から社外の知らない人と交流するのが難しいなら、まずは社内の幅広い部門の従業員を集めて、イベントや集合トレーニングを実施してみましょう。普段は会話をしない人と話し、普段は見ないほかの人の行動を見ると、多くの気づきを得るはずです。

実際、チームボックスが提供する企業向けのトレーニングでは、参加者に意図的に多様性のある環境に身を置いてもらい、そこで振り返りを実践していただきます。

まったく異なる部門の人同士が気軽に話せるよう、社内の誰もが入れる場所を用意し、飲み物や軽食、ホワイトボードなど、会話を補助するツールも準備します。そこにさまざまな部門、さまざまな世代の従業員が集まれば、互いの行動を観察しながら、議論ができるはずです。社内トレーニングの一環として、さまざまな部門や世代の人が交流する場を設けるのも、組織文化を知る大切な方法です。

社外の他者と触れ合うには、主に仕事上のコラボレーションやコンソーシアムなどでほかの会社の人との接点を活用しましょう。特にジョイントベンチャーや異業種が他社とタッグを組むコラボレーションなどは仕事上、相手の懐に深く入り込んでいきます。その過程で次のようなポイントを観察してみましょう。

✓どのように仕事を進めているのか
✓ある事態が起こったときにどのような反応をするのか
✓自分たちと何が違うのか

これらを観察することで、自分たちの組織文化が見えてきます。新規事業一つ取っても、大企業では会社が潰れないことを前提にじっくりと時間をかけて立ち上げようとします。計画を立て、稟議を通すのに数カ月かけることも珍しくありません。

一方、小さなベンチャー企業は1カ月後に会社が存在しているかどうかもわかりませんから、良い新規事業を思いつけば、翌日には立ち上げようとするでしょう。

このように、企業を支える根底的な価値観の違いを知らなければ、組織文化は見えてきません。

根底的な価値観の違いに気づくには対話も大切です。

組織文化の異なる企業同士が仕事に取り組めば、互いに違和感を覚える機会が生まれるはずです。自分たちとは異なる価値観や言動に、最初は戸惑うかもしれません。

そこがチャンスです。なぜ戸惑うのかを自問すれば、自分たちの持つ組織文化について理解を深めることができます。

特別なプロジェクトに携わらなくても構いません。シェアオフィスなどの環境では、まったく異なる企業が同じフロアに入っているので、他者を観察する機会が日常的にあります。普段から自分たちの組織文化との違いを意識できるはずです。

ビジネスパーソン向けの異業種勉強会などでも、他者との違いを目の当たりにできます。いまではSNSを活用すれば簡単に多様な立場の人と交流できます。他者と触れ合う機会を使って自分を振り返ることで、組織文化を知るといいでしょう。

■マイノリティの声を聞こう

可能なら、組織文化を知るためのプロジェクトチームを立ち上げましょう。それも部門横断的な形が理想です。経営企画室などが先頭に立ち、各部門の適材を集め、年代も混在させたほうがいいでしょう。

これまで紹介した「①自分で知る」「②他者に聞く」「③他者と触れ合う」といった順番で、プロジェクトチームが自分たちの組織文化を調べていけばいいのです。

大切なのはメンバーの選び方です。

適切な人材とは、社内外の幅広い関係者から情報が集まる人のこと。それが現場の若手社員のこともあれば、勤続年数の長い管理職のこともあるでしょう。役職にはとらわれず、社内外のネットワークの広い人を巻き込みましょう。

単に勤続年数が長くてその部門を代表するからといって、安易に管理職をプロジェクトチームのメンバーに選ばないように注意しましょう。その部門の責任者に話を聞いても、実際の組織文化はわからないことがよくあります。実態を知る人をプロジェクトチームのメンバーに選ぶことが大切です。

社内外の情報が集まる人がプロジェクトチームに加われば、派遣社員やアルバイトといったマイノリティの声も聞きやすくなるでしょう。


組織文化を知ることは、強い組織へ生まれ変わるための第一歩です。

多くの企業が自分たちの姿を客観的に把握していません。「こうあってほしい」という姿を勝手に思い込んだり、「弱みばかりだ」と過剰にマイナス面に焦点を当てたりしています。これでは成長に向けた冷静な意思決定はできません。

自分たちが考える組織の姿「内的自己認識」と、他者が見る組織の姿「外的自己認識」にギャップがなく、強みや弱み、大切にする価値観にズレがないところまで知り尽くしましょう。

組織文化を知る過程では、知りたくない姿にも直面するでしょう。しかし、それでも自分たちの姿が客観的にわかれば、変革に向けて動きはじめることができます。

自分たちの組織文化を知れば、どのような変化が起こるのか。

次のページからは実際にチームボックスが関わった事例を紹介します。

強みと弱みを知るだけでも組織は強くなる。それがわかる好例です。

事例1

freee
「弱さ」を知って強く生まれ変わったベンチャー企業

強いベンチャー企業は、色濃いカルチャーを打ち出しています。

カリスマ創業者の醸し出す独特のカラーがあり、トップの掲げるビジョンやミッション、バリューを明確に打ち出します。それらが強烈な組織文化となり、そこに描かれた未来や経営者の姿、会社の雰囲気に引き寄せられるように人が集まります。

特にここ数年は、ベンチャー企業の多くが自社の組織文化を前面に打ち出し、それに合う人材を採用するようになっています。そのほうが、入社後もすんなりと組織文化に染まり、強烈なカルチャーの下でビジネスを進められるからです。

ところが、若く伸び盛りの新興ベンチャー企業でも、自社の組織文化を客観的に把握できていないケースが少なくありません。

歴史の浅いベンチャー企業は組織文化を構築してから日が浅く、誰もが組織文化についいてよく知っているように思われています。それにもかかわらず、無意識下に沈んでいる組織文化を完全には把握できていないのです。

それが象徴的に表れていたのが、ｆｒｅｅｅというベンチャー企業のケースです。

■急成長企業が陥る個性希薄化のワナ

ｆｒｅｅｅは、２０１２年7月に現ＣＥＯ（最高経営責任者）の佐々木大輔さんらが設立したクラウドサービスを提供するベンチャー企業。中小企業や個人事業主などに向けて、会計や人事労務に関するサービスを展開しています。従業員は約５００人、２０１９年12月に東証マザーズに上場を果たした伸び盛りの企業です。

創業以来、ｆｒｅｅｅは右肩上がりに業績を伸ばしてきました。

有料課金ユーザー企業数は22万社以上。継続課金による売上高は２０２０年に約79億円に達しています（２０２１年1月時点）。

組織としての価値基準も明確です。

ｆｒｅｅｅが創業時から大事にしているのは、「マジ価値」という価値基準。マジ価値をより大きく、より速く届けるために大切にする「ｆｒｅｅｅのマジ価値2原則」や、マジ価値を届けるための重要な行動指針「ｆｒｅｅｅのマジ価値指針」も定めています。

こうした指針を大切にしながら、ｆｒｅｅｅは創業以来、急成長を遂げてきました。

転換点を迎えたのは、創業5年目となる２０１７年から２０１８年のこと。

業績の伸長とともに従業員が急増し、前年までに在籍していた人の数よりも、この年入社した人の数のほうが増えたのです。

急激に人が増える中で、創業メンバーらの間には大きな危機感が生まれました。

このまま新しい人材がどんどん入ってくると、ｆｒｅｅｅが大切にする「これは本当にマジ価値なのか？」「もっと理想ドリブンで考えようよ」という大切な価値指針が薄れかねません。

そこで２０１８年7月、社内に「カルチャー推進部（現ムーブメント研究所）」が立ち上がりました。

「ｆｒｅｅｅらしさが薄まる前に、マジ価値を浸透させ、組織文化を強化する投資をしなければならない」と同社カルチャー推進部の辻本祐佳ＣＣＯ（最高カルチャー責任者）は説明してくれました。

組織の基盤を考えるとき、もともとあった価値基準をアップデートして現状の規模に合わせることもできます。しかし、それだけでは強い組織になりません。よりコアな価値観を持ち、強化し、全員で共有することで、さらに強い組織になると考えたのです。

2018年にカルチャー推進部が立ち上がるとすぐに、私の経営するチームボックスが現場に入り、この活動をサポートしました。当時のオファーにはこうありました。

「互いに本気で厳しいフィードバックをしてイノベーションを起こし、本当の意味で新しい価値をつくる人材を増やし、企業としてさらに成長したい」

経営陣が本気で組織文化に向き合い、言いにくかったことを言い合い、より強い組織文化を構築するプロジェクトが始まりました。

なお、私が実施する人材育成や組織マネジメントの取り組みでは、「研修」と言わず、「トレーニング」という言葉を使っています。単に知識を得て満足するのではなく、実際に行動を起こし、自分の行動を変えることを目的としているからです。そのため本書でも、通常なら研修と言う部分をトレーニングと表現しています。

■ 厳しいフィードバックを避けてきた

まずはｆｒｅｅｅの組織文化を知るため、プロジェクトに参加する経営幹部全員に「自分たちの持つ言えなかった文化」を書き出してもらうことから始めました。

すると、続々とこんな言葉が並びました。

「なあなあ」

「白黒つけない」

「かばい合ってしまう」

「言いたいことを言えない文化」

「人に厳しくできないときもある」

ほんの一部にすぎませんが、辛辣な言葉が出てきました。

自由で穏やかというｆｒｅｅｅの社風は、裏を返せばほかに比べて厳しさが足りないという弱点にもなっていました。社員同士で厳しいフィードバックを行い、心がざわつくようなことを言い合えないナイーブな側面があったのです。

ｆｒｅｅには、もともとフィードバックを大事にする風潮がありました。社内の人事制度でもフィードバックは評価のためではなく、相手の成長を促す目的だと明文化しています。それでも、厳しいフィードバックは避けていたのです。

互いに忌憚のない意見を言い合い、時には傷つけることもいとわずに議論を重ねなければ、人も組織も成長できません。佐々木ＣＥＯは私にこう語ってくれました。

「組織の成長は、一人ひとりがざわざわすることを言い合える環境を再構築することでしか達成できない」

ｆｒｅｅがさらに成長するには、避けては通れない課題でした。

■強みと弱みを立体的に把握する

33項目のチェックリストを通して、組織全体の強みと弱みも見えてきました。

強みは次のような項目でした。

・情熱＝やる気と熱意を持って業務に取り組んでいる
・使命感＝社会で果たすべき役割を認識したうえで業務にあたっている
・許容＝多様性を認め、異なる意見を互いに受け入れている
・主体性＝自ら考えてやるべきことを見つけだしている
・個性の発揮＝自分や他者の個性を大切にしている

ここからは、次のような組織文化が浮き彫りになります。

「個人としての情熱と使命感が強く、主体的に個性を発揮しながら業務に邁進する」

「同時に、他者の個性を尊重し、個々の多様性を認め合う」

前向きに猛進するうえで、非常にすばらしい組織文化だと思います。

特徴的な弱みとして表れたのは、次の5項目でした。

・危機管理＝さまざまな危機を想定し、対策を立てていない

・準備＝組織の目標に基づいて必要な準備を十分に行っていない
・振り返り＝取り組みを振り返る場を設けていない
・俯瞰性＝大局的な視点を持っていない
・現状把握＝組織の現状を客観的に把握していない

この弱みに、先ほどの「自分たちの持つ言えなかった文化」を加味すると、次のような組織文化があることがわかりました。

「大局的見地から客観的に現状を把握し、リスクを想定し、必要な対策や準備を行う文化に乏しい」

「表面上は優しく、競争心が少ない。ライバルと切磋琢磨する環境がない」

「したがって、厳しいフィードバックを行う組織文化がない」

メンバー同士の仲が良く、前向きで優しい企業ではあっても、真の意味で他者や組織の成長のために切り込めておらず、育成する側もされる側も厳しさに向き合う覚悟が薄く、危機感が不足していました。

さらなる成長を望むなら、優しいというこれまでの組織文化以上のものを構築しなくてはならない。経営陣にはそんな気概がありました。

課題が判明したら、次は組織文化の変革です。チームボックスでは、２０１８年秋から２０１９年春まで、４回の集合トレーニングを遂行しました。

前半2回に取り組んだのは、組織文化ではなくリーダーのトレーニングです。

組織文化は組織の中で影響力のある個人が変わることからしか変革できません。ｆｒｅｅの場合も同じように、まずは真のリーダーに必要な資質や姿勢、チームビルディングについて学んでもらいました。

参加者は佐々木ＣＥＯをはじめとする経営陣、事業本部長クラスなど20人。実質的にｆｒｅｅの経営に関わる幹部です。

■ 隠れた組織文化を知る「さらけ出し」

私は、「リーダーが変われば組織が変わる」と考えています。

リーダーが部下を変えるのではなく、完璧とはいえないリーダーがまずは率先して変わる行動を起こすことが、組織に大きな影響を与えます。

自分が思い込んでいる自己認識が現実とズレていると、さまざまな問題が起こります。本当に変えなければならない内側のネガティブなものをさらけ出し、それに向き合い、一人ひとりが認めたくない弱さを打ち明けることからしか、組織は変わりません。

そのために必要なプロセスがさらけ出しです。

さらけ出す目的と効果を考えてみましょう。

他者と触れ合ったとき、人は無意識のうちに自分がどのように評価されているのかを気にして有能と思われたいと考える習性があります。しかし、常に他者の評価ばかりを気にしていては仕事に集中できません。脳の処理能力の大半が「有能と思われたい」という思考に占められてしまうと、個人のパフォーマンスは落ちてしまいます。

心の内をさらけ出せず、弱みを見せられない心理的安全性の乏しい環境に置かれると、つい「こんなことを言ったら評価が下がるかな」「この失敗は評価に関係するから隠したい」と余計なことを考えてしまいます。

パフォーマンスを上げるには、どんな失敗をしても周囲に気を遣わず、自分らしくいられる環境を整えなくてはなりません。それがさらけ出しの狙いです。

自分をさらけ出せなければ、相手が本音を言ってもつくり笑いでごまかしたり、相手に気を遣いすぎてしまったりして、言うべき本音が言えません。自分の失敗を認めることもできず、冷静に自分を認識することもできません。

より客観性を持って自己認識を高めるには、さらけ出すしかありません。

リーダーが自分から勇気を出してさらけ出す姿は、部下の見本にもなるでしょう。もしリーダーが自分をさらけ出せず、常にいいところばかりを部下に見せようとしていたら、部下も同じようにいいところばかりを見せようとするでしょう。

するとトラブルが起こったときに、自分のミスを隠して人のせいにしてしまいます。「失敗は隠さなくてはならない」という組織文化の醸成にもつながります。

失敗したときに互いに潔くミスを認め合う環境をつくるには、リーダーが率先してさらけ出すことです。

もちろん、単に感情をそのまま出せばいいわけではありません。ストレスの発散や愚痴を言うのではなく、仲間や組織の成長のために勇気を出して弱さを見せること。仲間や組織のための感情の発露でなければ、さらけ出しは有効ではありません。

■「シリアスな話題を、笑ってごまかしますよね」

では、ｆｒｅｅの場合はどうだったのでしょうか。
チームボックスが実施するトレーニングの中で、20人の経営陣を前に、私はこう核心を突きました。

「みなさんは、シリアスな話題になったとき、笑ってごまかしますよね」

それまでのさらけ出しでは出ていなかったけれど、私が観察して非常に色濃いと感じたｆｒｅｅの重要な組織文化です。

伝えた瞬間に場が凍りつきました。何人かは感情をむき出しにして反発しました。

「いや、そんなことありませんよ」

拒絶反応があるのは、それだけ痛いところを突かれた証拠かもしれません。無意識では薄々気づいていたけれど、言葉にする勇気がなかったのでしょう。強い反発は、負のエネルギーがあるからこそ生まれるもの。

大切なのは、それを認めて成長を促すエネルギーに変えることです。反発する人がいたほうが、組織文化は変えやすいのです。

手応えを感じて、私はさらに核心をえぐりました。

「違うと言うかもしれませんが、多くの組織を見てきた私の経験からするとそうは思えません。真剣になる場で笑ってごまかしているように見えます。気づきませんか」

もう反論は出ませんでしたが、表情からは怒りを堪えている様子がうかがえます。

「笑って、ちょっとひやかして、大事なところには真剣に向き合わない。そんな組織文化はないですか」

重苦しい空気が支配します。

「でも安心してください。多くの組織文化がそれでもたついています。みなさんだけではありません。そこに気づくことが大切なのです」

人も組織も必ず成長できます。しかし、このまま笑ってごまかす組織でいてはいけません。ありのままの現状を受け入れ、自分たちで変えていくこと。弱さや失敗を認めて変化し、挑戦することが成長です。

こう説明すると、みなさん気づいてくれたようです。ここからリーダーたちは、正面から他者に向き合い、時に厳しいフィードバックを与え合い、自分を内面からアップデートするようになっていきました。

さらけ出しでは、他者の前で相手を傷つけることや、自分が低く評価されるようなことを打ち明けます。その過程で居心地が悪くなり、気まずい雰囲気にもなります。

しかし、互いの成長を尊重したうえで本音を言い合えば、時間が経つにつれてその大切さを実感できるようになっていきます。こうした経験を重ねると、さらけ出すことに抵抗がなくなっていくのです。

ｆｒｅｅのケースでも、さらけ出しを通じて実際に思っていることを互いに伝えられたという変化が、より組織を強くしていきました。

具体的には、厳しい指摘もオープンに共有し、言いにくいことまでフィードバックするようになったことで、一人ひとりが成長する感覚を手に入れたのです。

厳しいことを言い合える環境は、目標をしっかりと達成する組織文化に変わり、それが事業計画の達成につながり、業績アップの一助を担っていきました。

■ 弱さを認められたから成長できた

ｆｒｅｅのメンバーからも、組織文化が変わってきたという意見が増えてきました。

２０１９年に上場した事情もあるのでしょうが、以前にも増して「社会を変え、社会の進化を担う」という責任感が強くなったそうです。

上場を機に社員数はさらに増えました。それでもｆｒｅｅｅでは、創業時から大切にしてきた組織文化の核心が変わらず、より強い組織へ進化していったのです。

急成長に伴って組織文化が薄れたり、変わったりするベンチャー企業が多い中、そうした危機にｆｒｅｅが足もとをすくわれることはないようです。

組織文化の変化が具体的にどれくらい業績に影響を与えたのかは、残念ながら検証できません。組織文化の変革は、短期的な成果よりも長期的な成長につながるものだからです。

「カルチャー推進部を立ち上げたときにイメージしていたのは、目標達成文化にしたいというものでした。以前の優しい文化から、言いたいことを言い合える文化に変わったことで、目標を達成していけるような雰囲気に変わっていきました」

辻本ＣＣＯは、ｆｒｅｅｅの変化をこう語りました。

組織文化を変革したあと、それがメンバーになじむまでには時間がかかります。ｆｒｅｅｅではそれを「体得」と呼んでいます。浸透する段階からさらに深く理解し、実際にその組織文化に基づいて意思決定が行われるようになるまでは、数年以上の期間を覚悟しなければなりません。

組織文化とは、「この組織で何をするか」というビジョンや目標達成のために掲げるものです。ｆｒｅｅｅのミッションである「スモールビジネスを世界の主役にする」を誰もが高い水準で実践できるようになると、目標は達成できるはずです。

佐々木ＣＥＯが目指すのは「一人ひとりが自律的に動きながらも強い一体感を持った、独自性の高い組織」です。

この先、変革した組織文化をメンバー全員で体得できれば、描いた組織の姿にたどり着くはずです。

「ｆｒｅｅｅは、みんなが自律的に動きながらも、ある方向に向けて一体感がある。ムーブメントのような組織文化だと思います」とカルチャー推進部の西村尚久さんは話してくれました。

その後もｆｒｅｅｅは独自の取り組みを進め、新たな組織文化を構築しました。

守るべきものは守り、変えるべきものは変えることで、組織はさらに成長する。
そのためには、まず自分たちの弱さを知る必要がある。
誰もが見ようとしない最大のウィークポイントは組織の根底に宿り、誰も口に出して指摘しようとはしません。

しかし望ましくない組織文化を言葉にできれば、意識してそれを変えることができます。
組織文化を知ることは、自分たちの組織と向き合い、良い部分も悪い部分もさらけ出し、以前にも増して強い組織に変わることでもあります。

その実例として、ｆｒｅｅｅの変革は大いに参考になるのではないでしょうか。

第四章

組織文化を「変える」

組織文化は、いつ変えるのでしょうか。変革を起こすタイミングについて、みなさんはどう考えますか。

たとえば、深刻な経営危機に直面したとき。もしくは組織を率いるリーダーが変わったとき。何となく組織の空気が停滞しているとき。果たして、いつがベストでしょうか。

本書の冒頭で、ラグビー日本代表にエディ・ジョーンズ監督が就任した最初の試合後の記者会見で、キャプテンの廣瀬俊朗選手を叱責したエピソードを紹介しました。日本代表が敗北を受け入れる文化に侵されている状態を察知し、エディ監督は変革を決意します。

「この状態はおかしい」「このままではダメだ」「なぜこうなってしまったのか」――。

日本代表チームを観察し、エディ監督はその〝負け犬根性〟を痛切に感じたのでしょう。

この事例のように、外から来たリーダーが危機感を覚えたときは間違いなく変革のチャンスです。企業経営でも、外部からカリスマ経営者を招聘《しょうへい》してメスを入れ、大きく組織文化を変えたケースはよくあります。

もちろん、組織の中にいるリーダーが業績の悪化や競争環境が変わる兆候を捉えたり、従業員の働く意欲が減退して危機感を抱いた場合も変革のタイミングです。

誰よりも組織について考えているリーダーだからこそ働く「おかしいな」という勘や直

感は無視せず、しっかりと向き合うことが大切です。

ただし、ここで気をつけたいのが、変革を起こすタイミングはあくまでも「危機感を覚えたとき」であって、実際に「危機に直面したとき」ではないということです。

51ページで示したように、組織文化は組織を構成するピラミッドの根底にあるので、変えるには手間も時間もかかります。危機に直面してから組織文化の変革に乗り出しても、手遅れとなる可能性が高いのです。

業績が悪化して瀬戸際に追い込まれたときは、目の前の課題に対処するのが最優先。時間のかかる組織文化の変革は後手に回ってしまいます。

だからこそ、危機的な状況に陥る手前の段階で、速やかに組織文化を変える必要があります。それができれば、大きな変革が期待できます。

■ 10年以上かかる組織文化の変容

これまでも繰り返してきましたが、組織文化は目に見えるものではありません。触れられるものではなく、そこに漂う空気のようなものです。

それを変えるには、実際に目に見える部分から変えるしかありません。

では、どこから手をつければいいのでしょうか。そのヒントとなる視点を、一橋大学大学院経営管理研究科国際企業戦略専攻の楠木建教授はこう語っています。

「組織の中にいる人たちが強烈に反応するものがあるはずです。痛いところを突かれた、たしかにそうだよな、と思うレバーを引くことが組織文化を変革する起点になります」

第三章で紹介したｆｒｅｅｅのケースでは、私の言葉が経営陣の〝秘孔〟を突きました。

「みなさんは、シリアスな話題になったとき、笑ってごまかしますよね」

こうした影響力のある本質をどう見つけるかが肝になります。

本質を見つけたとしても、組織文化の変革には長い時間がかかります。短くても数年、長ければ10年を超えるプロジェクトになるという覚悟が必要です。

しかも、組織文化を変えたからといって、すぐに目に見える成果が出るわけでもありません。51ページで取り上げたピラミッドの図を思い出していただくとわかりますが、組織文化は組織の根底にあるもので、成果はその頂点にあります。互いに影響を与え合っていますが、組織文化が成果に作用して変わるまでにはタイムラグがあることは否めません。

■ 組織変革に必須の一人ひとりの変容

組織文化を変えるには、一人ひとりの言葉や行動、価値観が変わることが必須です。しかし、変革を受け入れる度合いや変革を理解する度合い、変革による行動変容の度合いは人によって異なります。そのため、それぞれの人に合ったアドバイスや声かけをしなくてはなりません。これも組織変革では必要な取り組みなので、ここで解説しましょう。

人間の一生涯にわたる発達プロセスを明らかにする成人発達理論では、人間には二つの成長があるとしています。

一つは水平的成長で、従来の枠組みの中に存在する知識や概念、能力、スキルを増やし、横方向に成長を広げていくものです。

過去の成功体験を生かして成長する考え方で、別の表現をすると量的成長ともいえるでしょう。これを、「ラーン」と置き換えることもできます。

それに対して、もう一つの成長が垂直的成長です。従来の枠組みを飛び出し、すべての常識や前提を取り払う「アンラーン」によって、人間性を高め、人間の器を広げて視座を高めていくものです。

過去の成功体験は通用しないため、新たな知識によって成長を深化させていく考え方であり、その意味では質的成長と表現できるでしょう。

この前提を踏まえたうえで、左ページの4つの象限をご覧ください。

右上の「ラーン×アンラーン」の象限をA、右下の「ラーン×アンラーンしない」をB、左上の「ラーンしない×アンラーン」をC、左下の「ラーンしない×アンラーンしない」をDとします。

Aの「ラーンもアンラーンもする」タイプの人は、組織文化の変革ではお手本のような人です。組織のすべての人をこの象限に持っていくイメージで変革を推進していきます。

Bの「ラーンするがアンラーンしない」タイプの人はやや厄介です。研修や勉強会では一生懸命新しい知識を身につけるものの、価値観を変えずに自分の主張を貫くため、根本から考え方を変えることができません。学ぶ姿勢はいいのになかなか変化できないため、

■ 学んで変われるタイプの人とは

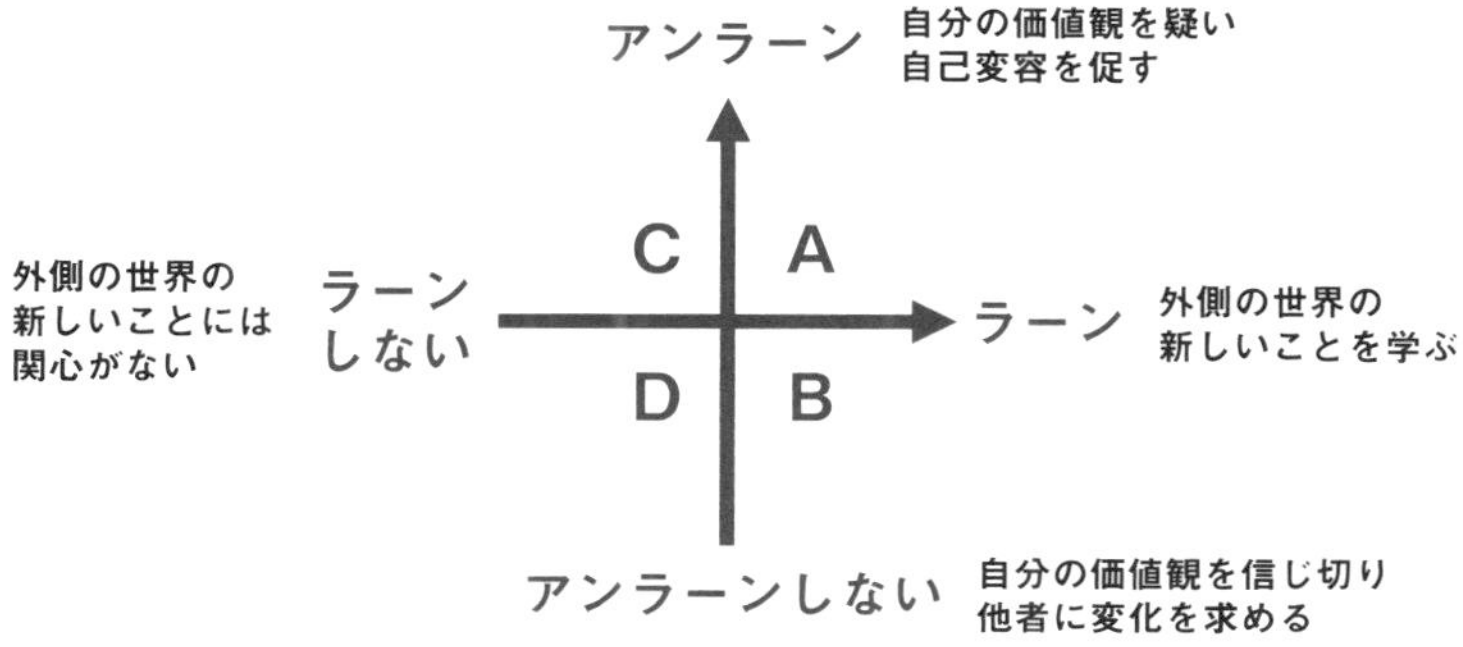

ラーンもアンラーンもできる人もいれば、ラーンもアンラーンもしない人もいる。それぞれのタイプによって問いかけを変える必要がある（図は著者作成）

時には周囲に悪影響を与えることもあります。

組織文化を変えることが目的の研修などでBタイプの人を高く評価しても、現場の言動がまったく変わらないことを察知できないと、周囲は「研修なんて意味がない」と考えるようになります。それは本人にとっても、組織文化の変革そのものにとってもメリットはありません。

こうしたタイプの人は学ぶ姿勢を承認しつつ、これまでの自分の価値観や信念に対して問いかけ、アンラーンを促す必要があります。

Cの「ラーンしないがアンラーンする」タイプの人は、行動を促進させる必要があります。このタイプの人は新しい知識や情報を学ぼうとせず、研修などの場では冷めた態度でいるかもしれません。しかし、自分の価値観に対して常にさまざまな角度から問いかけていて、組織文化を変えるための考え方は理解します。ただし実際に具体的な行動に落とし込めない可能性が高いのです。

このようなタイプの人は、目的を問い、深い意味づけを促し、適切な新しい知識や情報を与えて、行動を促す仕組みや制度、声かけなどで巻き込んで、具体的な行動を起こさせることが大事です。

Dの「ラーンもアンラーンもしない」人は最も難しいタイプです。こうしたタイプの人は、積極的に変わることが少ないでしょう。

その場合は、周りが変わっていくところを見せること。仲間が次々に言動を変えていくと、このタイプの人も変わろうと考える可能性があります。人や組織に興味を持つメリットをわかりやすく伝えることが大切です。組織文化を変えるには、最終的にこうしたタイプの人まで変えていかなければ、全体は変わりません。

■「あうんの呼吸」で働けるように

組織文化を変えるには数年単位の変革が求められます。一人ひとりの社員とじっくり向き合う必要もあります。変化の速い現代において、組織文化の変革は気の遠くなる取り組みに映るかもしれません。

そんな思いまでして、なぜ組織文化を変える必要があるのでしょうか。

第一章でもお伝えしましたが、ここではより具体的なメリットをご紹介します。

組織文化が変わりはじめると、まずは組織内の意思疎通が格段に速くなったように感じるはずです。組織に属する全員が同じ価値観を共有すると、企業活動のさまざまな場面でいちいち価値観をすり合わせる時間と手間が省け、意思決定のスピードが上がります。会議や打ち合わせのたびにすり合わせをしなくて済むようになり、細かなことまで上司に判断を仰ぐ必要がなくなります。

同じ価値観を共有しているので、仲間に対して過剰に気を遣う必要もなく、本質的な議論ができるようになっていきます。ポジティブな意味での「あうんの呼吸」で意思疎通ができ、回りくどい説明が不要になります。

個人が迷ったときにも立ち返る場所があるので、日々の業務の中で判断に迷うケースが減り、生産性と創造性が圧倒的に高まるのです。

■ いつかは成果も変わっていく

もう一つのメリットが成果です。

これまで私は本書で繰り返し、組織文化を変えてもすぐに成果が出るわけではないとお伝えしてきました。

51ページで取り上げたピラミッドの図を思い出してください。成果は組織という大きな氷山の頂点にあり、組織を構成するごく一部でしかありません。そのため、成果だけを伸ばそうとする策は付け焼き刃的な対症療法にしかならず、短期的に結果が出たとしても長続きはしません。

成果を出すためだけに組織文化を変えるという短絡的な発想では、この先に待ち受ける変革を最後までやり遂げるのは難しいかもしれません。大切なのは、組織文化を変えて成果につながるように一つひとつの言葉や行動を、根気強く変えていくことです。

実際に組織文化が変わり、所属する一人ひとりの言動が変わり、価値観が共有されていくと、先に触れたように意思疎通は速くなり、組織の結束も強くなっていきます。組織内の風通しが良くなり、生産性やモチベーションの向上、採用にも有利に働きます。そしてこうした変化とほぼ同時か少し遅れて、成果も変わっていくのです。

組織文化の変革によって有形無形のルールを変え、そのルールが働く人の言葉や行動、習慣を変え、それが製品やサービスに変化を起こし、最終的に成果へつなげていこうとする強い意思を持ちましょう。

必ず成果という花を咲かせるべく、より良い組織文化へ変えていく胆力が求められます。

■ 能動的に変われる者が主導権を握る

成果だけを目当てに組織文化を変えるのではなく、これを機に組織を根底から刷新して強くなろうという覚悟で組織文化の変革を始めましょう。

世の中の環境が変わっているから自分たちもそれに合わせるのではなく、外圧によって変化を迫られる前に、自分たちから率先して変わる意識を持つこと。

そのためにも、現在の組織文化に違和感を覚えたら、進んでそれを変える意識を持たなければならないのです。

将来の予測が困難なＶＵＣＡ（ブーカ）の時代を迎えています。ＶＵＣＡとは変動性（Volatility）、不確実性（Uncertainty）、複雑性（Complexity）、曖昧性（Ambiguity）の頭文字からできていますが、予測が難しく、組織文化の変革にも時間がかかるからこそ、受け身ではなく能動的に変革をしていかなければなりません。

能動的に変革した者だけがこれからの社会で主導権を握るのは間違いありません。

HOW TO CHANGE

ここからは、具体的に組織文化を変えるステップをご紹介していきます。

第三章の組織文化を「知る」を実践しているなら、すでに自分たちの組織文化の強みと弱み、特徴は把握できているはずです。このうち、何を残して何を変えるのか。そこから本格的に組織文化にメスを入れていきましょう。組織文化を変える手順は次の通りです。

①仲間をつくる
②組織の理想像を決める
③行動基準を決める
④振り返りとフィードバック
　(a) TELL―伝える
　(b) SHOW―見本を見せる
　(c) ASK―問いかける
　(d) DELEGATE―託す

大切なのは、変革を継続的に続けることです。繰り返しますが、組織文化は簡単には変わりません。根底から刷新しようとすれば数年はかかる取り組みです。

数カ月試して効果が出ないからやめようと判断するのは早計です。長期間かかることを前提に、胆力を持って、継続していく粘り強さが求められます。

もう一つのポイントは、組織の中のひと握りのキーパーソンだけが組織文化の変革に関与するのではなく、変革を主導するチームとそれ以外の組織のメンバーが双方向でやり取りを重ねながら組織文化を変えていくことです。

組織文化とは、ある事実に対して組織に属する一人ひとりがどのように感じ、どのような反応をしたかという感情の集積です。組織の中で共有する価値観を広げていくには、誰もが組織文化の変革に関わっていく必要があります。

一人ひとりの言葉や行動、習慣を意識的に変え、それが染み込んで無意識的にできるようになって、ようやく組織文化は変わります。一人ひとりに影響を及ぼす必要があるので、変革している間も双方向でやり取りしていくことを常に意識しなくてはなりません。

継続することと、双方向で実施すること。この二つを頭に入れたら、早速、具体的な変革へ進みましょう。

❶ 仲間をつくる

組織文化を変えるには、まず仲間集めからスタートしてください。組織は一人で変えることはできません。しかも組織文化はその中にいる一人ひとりに変革を迫ります。仲間の協力がなければ進めることはできないでしょう。

中小規模の組織なら、変えたいと思った人が変革すると宣言して仲間を集めてみましょう。リーダー以外の人が組織文化を変えようと立ち上がっても構いません。

もし、いまの組織文化に違和感を覚えているなら、それを言葉にして、どんな組織文化に変えていきたいのかを仲間に伝えていきましょう。

大きな組織なら、組織文化を変えるためのタスクフォースを設置し、そのタスクフォースが中心になって変革を進めていくと効果的です。

企業であれば社長など、トップの直轄チームを結成します。それが難しければ、会社全体の方針を固める経営企画部門などが中心となって取り組むといいと思います。さまざまな部署からキーパーソンを集めてチームを結成してください。

チームづくりで気をつけるのは、第三章で紹介した組織文化を知るためのプロジェクトチームと同じポイントです。

役職にとらわれず、社内外のネットワークが広い人を巻き込んでください。社内外の情報が集まる人をタスクフォースのメンバーに加えることで、より幅広い視点を持つことができます。

現場の古参社員からフレッシュな感覚のある若手社員、間接部門や派遣社員、アルバイトなどを交ぜてもいいでしょう。多様性を重視してメンバーを選びましょう。

❷ 組織の理想像を決める

組織文化を知る段階では、普段は無意識下にある自分たちにとって望ましい組織文化と望ましくない組織文化を意識し、言葉にしました。

この知る段階で把握した組織文化を十分に見極めたうえで、今度は「将来なりたい姿」

「自分たちらしい組織像」をはっきりとさせていきます。

目指す組織像をできる限り明確に言葉にして、理想の組織の形を掲げるのです。

氷山の最上部にある業績などの成果から理想の姿を考えはじめても構いません。

組織の土台となる組織文化は目には見えず、最初から「理想の組織文化を描こう」と考えても、なかなか思いつかないはずです。

そこで、まずは見えるところに仮説を立てて、それを生みだす組織文化とは何かとブレークダウンして考える必要があります。

次々と先鋭的なプロダクトを生みだす組織を描けば、そこから発展させてクリエイティビティの高さが格好いいと思う組織文化が理想像となるかもしれません。

とにかく売り上げが伸びる組織を理想像とするなら、稼ぐ営業担当者と稼ぐ仕組みを構築する部門が最も評価される組織文化が理想の姿となるでしょう。

安全第一、事故ゼロを掲げる組織が理想像なら、その組織は事故を防ぐためのさまざまな制度や仕組みが備わり、働く人の価値観も無謀な挑戦より安心・安全を重視するようになるはずです。

多様性あふれるサービスで世界を変える組織を理想像とするなら、その企業の組織文化もダイバーシティを重視し、マイノリティの声を積極的に聞き、ともに働く組織文化が根づいているはずです。

まずは具体的な組織像を描いてから組織文化へ落とし込んでいけば、漠然と「理想の組織文化は何か」と考えるよりも理想像を描きやすいはずです。

描く理想像を決める方法も重要です。

たとえば、「みんなで考える組織」をつくりたければ、組織全員が意見を出し合ってそれを集約したほうがいいでしょう。反対に「強いリーダーを中心にトップダウンで動く組織」をつくりたいのであれば、リーダーが一人で考えるべきです。

「みんなで考える組織」が理想像なのに、トップが勝手に決めてしまうのは矛盾しているので、どんなに立派な理想像を描いても、その組織文化が定着することはありません。

なぜなら理想の組織像を決めるプロセスそのものに組織文化が大きく影響しているからです。プロセスそのものに、自分たちがつくりたい理想の組織文化を当てはめていくことも意識しましょう。

❸ 行動基準を決める

理想の組織文化が決まれば、次はその組織文化をより具体的に体現する行動基準を決める作業に入ります。

最近では多くの企業がビジョンやミッション、バリューを打ち出しています。これらがないと企業としての「顔」がわからず、顧客や株主などから支持を得られないからでしょう。こうした目標に、「チャレンジ」や「イノベーション」といった言葉が入っているケースもよく見かけます。しかし同時に、こうした言葉が具体的な行動を指しておらず、極めて抽象的で曖昧《あいまい》なまま使っている企業も多く見かけます。

大切なのは、それぞれの組織に合った具体的な行動基準を決めることです。この行動基準こそがビジョンやミッション、バリューを体現したものであるべきです。

行動基準は組織文化をよりかみ砕いたものであり、「自分たちはこれが好き」「こんな行動を格好いいと思っている」「こういう言動は嫌いだ」という感覚を、具体的な行動や言動に落とし込んだもののことです。正解や誤答はなく、それぞれの組織らしさを示すものとなります。

・多少、人間関係がギスギスしても、より多く稼ぐ人が格好いい
・利益や売り上げを犠牲にしても、人の輪を尊重する人が格好いい
・毎朝出社し、全員が顔を合わせて挨拶するのが気持ちいい
・リアルな交流は不要で、オンラインのやり取りだけで成果を出すのがいい
・会議の場を大切にし、誰もが意見を言い合う機会が大切だ
・会議では意見がない人は発言する必要がない。会議の数も少ないほうがいい
・自分と違う意見の人を優しく受け入れるコミュニケーションが大切だ
・時には攻撃的になっても、徹底的に議論することが大切だ

・ミスはいち早く認めて謝るほうがいい
・自分で解決できるなら、ミスを顕在化させなくてもいい

あえて対極の価値観を出しました。これらにどちらがいい、悪いという評価はありません。ポイントは、その組織が具体的にどんな行動や振る舞い、言動を好ましいと考えて大切にするかということです。それが行動基準であり、理想の組織文化の具体的な姿です。自分たちの組織にとって望ましい組織文化を伸ばし、望ましくない組織文化を変えて理想の姿に近づくには、この行動基準をしっかりと決めることが大切です。

行動基準が決まらなければ、ビジョンやミッション、バリューは体現できません。行動基準を決め、誰もが無意識的に基準通りの行動をするようになるのが、組織文化を変えるということなのです。

目指す理想の組織像があり、それを体現する行動基準を決め、それを言葉にして組織に属する全員で共有していくと、最終的には定着していきます。

これまでは無意識に選んできた言葉や行動、習慣を意識し、「どうあるべきか」という目に見える形に変えていくことを繰り返し、それを定着させて無意識のうちに行動基準を

体現できるようになれば、目指す組織文化が浸透した状況になります。

では、行動基準を決める作業は具体的にどう進めていけばよいのでしょうか。

そのためには、自分たちの描く理想の組織文化に近づくための言葉や行動を、一つひとつ挙げていくしかありません。

理想の組織文化を体現している人が社内にいれば、その人をモデルにして広めていくのも一つの手法です。

「この人のように挨拶をしよう」

「この人のように会議で発言しよう」

「この人のように自分と異なる意見を受け入れよう」

項目ごとに見本となる人の言葉や行動を選びだします。人は、具体的な見本があれば理解が早まります。逆に見本がないとなかなか理解できません。

もし社内に見本となる人がいなければ、外部に求めても構いません。ビジネス書から抜き出してもいいし、他社の事例でも問題ありません。「この会社の、この人がしていること」と明確に特定したほうがイメージしやすくなります。

もちろん、最初から理想の行動基準を網羅できるわけではありません。必ず過不足は生じるものだと思っておいてください。このプロセスは、組織文化を変えるための仮説を立てて進めていくため、絶対的な正解もありません。

そのため、行動基準を決める作業に必要以上に時間をかけるのは意味がありません。

まずは5つくらいの行動基準を決めて広げてみましょう。すると、そのうち3つは組織文化として浸透したけれど、残りの2つには違和感があってなかなか浸透しないかもしれません。その場合は後者を行動基準から外し、新たに別の行動基準を設けるという作業を繰り返していきます。

その際、いくつかのステージに分けて考えると取り組みやすいでしょう。

最初に5つくらいの行動基準を挙げて決めるのが第一ステージとすると、まずはそれを浸透させるように検証し、反応を見ながら違和感のある行動基準を外し、新しい行動基準を加えて実行していきましょう。

最初に決めた行動基準がしっくりくるようになれば、次にまた新しい5つくらいの行動基準を決め、同じように仮説と検証を重ねながら定着させていくのが第二ステージです。

第二ステージも5つくらいの行動基準が確定すれば、第三ステージに進んでさらに5つくらいの行動基準を決めていく……というように、少しずつ行動基準を増やしていくのがポイントです。

組織文化を変えるのに時間がかかるのは、この作業をひたすら繰り返すからです。

陥りがちなワナは、組織文化を一気に変えようとして続かなくなることです。

そもそも、組織文化の変化はわかりづらいものです。月に何度も調べたところで組織文化が本当に変わったのかはわかりません。

組織文化の変革に乗り出して一気にあらゆる手を打ち、成果が出ないとすぐにやめてしまうようでは意味がありません。

長い時間をかけて行動基準を決めて実行している間、その行動基準が組織の課題に直接的もしくは間接的に作用し、解決できているかを検証していきましょう。

行動基準は間接的に課題解決に影響を及ぼすケースもあります。だからこそ、行動基準の効果検証には時間をかけなくてはならないのです。

効果が出ないと途中でやめるくらいなら、時間がかかる取り組みと、比較的早めに効果が出そうな取り組みを、あらかじめ設定しておいてもいいでしょう。

伊藤忠商事が始めた「朝型勤務」という行動基準は当初、夜間の残業を減らすための仕組みとして導入されました。しかし、その朝型勤務が定着することによって働く人のマインドが変わり、日本の商社のお家芸ともいえる夜遅くまで続く接待文化そのものがなくなっていきました。

そこに至るまでには数年の歳月がかかっています。拙速に判断していたら、新たな組織文化は定着しなかったでしょう。

❹ 振り返りとフィードバック

行動基準を実行しはじめたら、それができているかどうかをチェックしましょう。

一人ひとりが自分で確認するだけでなく、自分たちの結果を持ち寄り、仲間同士で振り返りながら共有する場を用意するといいでしょう。第三者からフィードバックを受ける機会も重要です。

行動基準の具体的な広げ方や振り返りの方法、フィードバックの方法を紹介しましょう。

(a) TELL——伝える

タスクフォースが中心となって新たな行動基準を掲げ、具体的な行動目標を明確にすると、今度はそれを組織に属する一人ひとりに周知し、理解してもらう必要があります。どんな行動をすることが求められているのかを明確に伝えましょう。

たとえば次のような行動で、伝えていきます。

✓新たな行動基準を言葉にし、人の目に触れるような手段を講じる
✓社内のイントラネットなど、一斉に伝達できる手段で伝える
✓メールや(ビジネスチャットの)スラック、映像などで告知する
✓行動基準を朝会などで言葉にして伝える

(b) SHOW——見本を見せる

新しく変わろうとしている組織文化を広く社内に伝える人(エバンジェリスト)を決めて、

その人に新しい行動基準を浸透させるようなプロモーションをしてもらいましょう。

エバンジェリストは、いわば伝道師です。理想とする行動基準を実践できている人を発掘し、光を当てて「こんなスタイルが目指すべき姿だ」と広く伝えてもらうのです。

エバンジェリスト本人が、理想とする行動基準を体現できていればベストですが、体現できていなくても問題はありません。その場合、エバンジェリストが紹介するのは行動基準を実践できている別の人です。

最適なエバンジェリストは、社内での影響力の大きい人です。完璧に行動基準を守れていなくても、「私もできていないから、みんなで一緒に変わっていこう」と声をかけられる人がいいでしょう。

もとは実践できていなかった人ができるようになったというケースを現場で発掘し、評価して社内報などで取り上げるのも一つの方法です。

具体的な行動例は次の通りです。

✓エバンジェリストを指名する

✓組織文化に基づく表彰制度を創設する

✓行動基準を実践できた人を表彰する

(c) ASK――問いかける

組織文化を抜本的に変えるなら、タスクフォースのメンバーだけではなく、組織のリーダーも部下に対して新しい行動基準を実践できているかと問いかけてみましょう。

さらに良くするにはどうすればいいか、変われないならなぜ変われないのかといった意見を集約します。

具体的な行動例は次の通りです。

✓行動基準について会議やメールで問いかける
✓行動基準に議題を絞った1対1の面談を実施する
✓行動基準に議題を絞った1対多（数人の部下）の面談を実施する

(d) DELEGATE――託す

行動基準が浸透したら、組織文化の変革をリードしてきたタスクフォースのメンバーや組織のリーダーから、組織に属する一人ひとりに〝たすき〟を渡しましょう。リーダーが担っていた役割をミドルマネジャーに託したり、中堅社員が担っていた役割を新入社員に委ねたりします。

こうして組織文化に対する意識づけと責任が組織全体に広がり、そのあとの変革の担い手を増やすことにつながります。

具体的な行動例は次の通りです。

✓（a）（b）（c）を次に託す新しいリーダーを任命する
✓次のリーダーに引き継ぐためのワークショップを実施する
✓（a）（b）（c）の具体的な行動を新しいリーダーにやらせてみる

私の経営するチームボックスがサポートするときには、集合トレーニングや1対1の面談などを担うケースが多くなっています。ただし、これらは自分たちの力だけでも実践できます。

目標はどこにあり、どんな姿を描いているのか。目指す組織の姿と、そのためにどんな行動基準を大切にするのかが明確になっていれば、専門家がいなくてもトレーニングやワークショップ、1対1の面談は実践できます。

ポイントは、組織に属するメンバー全員が関与することです。組織のメンバーが5人の場合と200人の場合、5人のほうが組織文化を変えやすいのは、全員が変革のプロセスに介在しやすいからです。

組織の構成メンバーが多くなると、同じ組織の中でも部門によって少しずつ組織文化が変わってきます。その意味でも、組織が大きくなると組織文化を変えたり、新しい行動基準を浸透させたりするには時間がかかります。

組織が大きい場合はトレーニングなどの場を用意して、それぞれの部門から数人単位で参加してもらい、別の部門のメンバーと交流するといいでしょう。毎回、幅広い部門から集合トレーニングの参加者を募り、普段ほとんど話したことのない人を交流させていきましょう。

組織文化を変革させる方法は、それぞれの組織によって千差万別です。最も効果的な手段は組織によって異なります。

現状の組織文化から理想の組織文化に向かうには、どのような行動基準を浸透させればいいのか、理想の姿と現在の姿のギャップをどんな方法で埋めるかを考えましょう。

その手段として、ワークショップや集団トレーニングが最適な場合もあれば、1対1の面談が効果的なこともあります。何と何を組み合わせるかは、それぞれの組織が試行錯誤を重ねて見つけていくしかありません。

具体的にどのように組織文化を変えていくのかイメージしやすいように、抜本的に組織文化を変えた二つのケースをご紹介します。

事例2

横浜DeNAベイスターズ

最弱球団が日本一を目指す強いチームへ

2012年　6位
2013年　5位
2014年　5位
2015年　6位
2016年　3位　初のクライマックスシリーズ進出
2017年　3位　クライマックスシリーズ突破　日本シリーズ出場
2018年　4位
2019年　2位
2020年　4位

これは、日本野球機構セントラル・リーグに加盟する横浜ＤｅＮＡベイスターズの２０１２年から２０２０年までの順位です。

２０１２年から２０１５年までは、６位と５位を行き来しています。

ベイスターズのオーナーがＴＢＳからＤｅＮＡに代わった２０１２年以前も、２００８年から２０１１年まで４年連続６位になるなど、かつてのベイスターズはセントラル・リーグでも下位チームの常連でした。

そんなチームが、２０１６年からは常時Ａクラスを狙うチームに変貌しました。２０１７年にはリーグ優勝した広島東洋カープを下し、クライマックスシリーズを突破。日本シリーズに駒を進めました。

セントラル・リーグ優勝も視野に入りはじめたベイスターズに、一体、何が起こったのでしょうか。

ベイスターズではさまざまな改革が行われていました。私は野球の専門家ではありませんが、組織文化の変革に貢献できたエピソードをご紹介します。

■ 0年目 ベンチャー企業出身者が抱いた危機感

プロ野球チームの最終ゴールは何でしょう。

ベンチャー企業DeNAが親会社に就任すると、萩原龍大《たつひろ》さん（現在の取締役兼チーム統括本部本部長）はベイスターズに移り、低迷にあえぐチームの立て直しに乗り出しました。

このとき、萩原さんの脳裏に浮かんだのは「チームが魅力的になること」でした。

魅力的なチームとは何か。

いくつもの構成要素が浮かびましたが、最後は次のような答えにたどり着きました。

「継続的に強いチームであること」

ファンやスポンサーは強いチームになることを望んで応援しています。だとしたら、最下位争いを繰り返すチームを強くするために何ができるのか。

プロ野球なのだから、試合に勝てばいいという考え方もあります。しかし、萩原さんはこう考えました。

「選手を取り囲む周りの大人の教養や魅力によって、どのような選手が育つのかがある程度定義される。だとしたら選手を育てる前に、まずは周りの大人（コーチングスタッフやチームスタッフ）の育成が先ではないか」

選手を育てるノウハウを、コーチやスタッフ一人ひとりが抱え込むのではなく、チームで数多く持ちたいと考えたのです。

外部の知恵を生かすことも大切です。ビジネスの世界では、チームの仲間が連携し、議論を重ねて前に進むのは当たり前のことです。ところがベイスターズのコーチやスタッフは当時、互いに話し合うこともなく、自分の役割さえまっとうしていればそれでいいと考える組織文化が根づいていました。

プロ野球界そのものに、日本最大の興行団体だという無意識的な自負があり、外部から足りないものを学ぶ姿勢が乏しいというのも、学びに鈍感な一因だったのかもしれません。

萩原さんの思いに共感した私は外部から加わり、こうした課題を解決する取り組みをスタートさせました。

最初に掲げたテーマはチームビルディングです。チームビルディングについて学びながら、ベイスターズの新たな組織文化を構築する試みがスタートしました。

■ 1年目 ファームコーチとスタッフにあった閉塞感

最初に取り組んだのはチームの空気を変えることです。

かちかちに固まった雰囲気を柔らかくするために、さまざまな取り組みを行いました。

シーズンオフの2014年11月と2015年1月を使い、延べ4日間、朝から晩までチームビルディングのトレーニングを実施しました。

参加者はファーム（二軍）のコーチとスタッフ20人です。

トレーニング初日、大半の参加者が嫌悪感を顕わにしていました。

「オフなのになんで朝から集まるんだよ」

「なんで変わらなきゃならないんだ、面倒くさいなあ」

ほとんどの参加者はまったく私の話を聞く気がありません。

ベイスターズは成績こそ下位に沈んでいますが、プロ野球というスポーツ界のトップに君臨しているという無意識的な自負があったのか、外部から学ぼうとする姿勢は感じられませんでした。

トレーニングの講師を務める私は日本ラグビーフットボール協会に所属し、大学ラグビーの監督や指導者の育成がキャリアの軸になっています。

「プロスポーツの我々が、なぜアマチュアスポーツから学ばなければならないのか」

こうした心の声が手に取るように伝わってきます。

グループワークで6人がテーブルを囲んでも、冷たい反応が続きます。

不信、不安、敵愾心《てきがいしん》……。その場の空気はネガティブな要素で占められていました。

こうした事態に、私はほとんど驚きませんでした。

私がチームビルディングやリーダー育成などで関わる多くの企業でも、最初はこうした拒絶反応が起こることが珍しくありません。

第一線で活躍するビジネスパーソンはみなさん、それぞれ誇りを持たれています。そのため、スポーツの世界で指導者の育成などを手がけてきた私がトレーニングに入ると、毎回ほぼ同じような反応が起こります。

「スポーツの世界の人が何か？　ここはビジネスの世界ですけど」

かつての栄光を胸にかろうじて踏みとどまっている企業も、旧態依然の体質から変われない企業も、外の世界から学ぼうという姿勢はほとんど感じられません。当時のベイスターズの反応はまさに硬直した日本企業の典型でした。

それでも、集まってくれたからにはチャンスがある。トレーニングを重ねていけば気づきもあるだろう。そう考えて自己分析シートなどを活用して、自分たちがどのような組織なのかに気づくセッションに取り組みました。

組織文化を知るチェックリストの結果を見ると、「見える化」「言える化」の数値が明らかに低く、次のような特徴が浮き彫りになりました。

「互いのやっていることが見えず、互いのやっていることを見る必要もないと思っている」

「互いに言いたいことを言わないし、意見を言う必要もないと思っている」

「ノウハウの共有は、基本的にあり得ない」

こうした結果から導きだされたチームの状態は、次のように定義できます。

「目標は共有しているが、共感できていない組織」

「共有」とは、組織の全員が目標を知っている状態のことです。「共感」とは、組織の全員が目標を本気で達成したいと思っている状態を意味します。

ベイスターズは、優勝を目標に掲げていても、それぞれの心の中では「とはいっても、無理だろう」と思っていたのです。

プロスポーツは野球に限らず、極限の成果主義の世界です。学んだからといってチームが勝てる保証がないため、学ぶことそのものを軽視し、「学ぶのは格好悪い」「学ぶのは恥ずかしい」という感覚が染みついていました。

学ぶというのは、自分の足りないところを認める作業です。そこに対して抵抗感が強かったのです。わからないと伝えて自分に足りない部分が明らかになるくらいなら、学びそのものを遠ざけたいと考える人が多かったようです。

本来は誰でも、いくつになっても学ぶほうがいい。誰もが心の奥ではそうわかっていながら、その思いを素直に表明できていませんでした。そこから変える必要があったのです。

そこでトレーニング1年目は、学んだことを人前で発言し、仲間と共有してもらいました。まずは学ぶことはすばらしいという価値観に変わるように促していったのです。

トレーニングの場で、学んだ人や学びを共有した人に拍手を送り、「自分が思っていることを話してもいい」「互いに意見を言い合うことはすばらしいことだ」と思える環境をつくっていきました。

■ 2年目　優勝できると思っていなかった一軍コーチ

ファームのコーチとスタッフのトレーニングは最終的にそれなりの成果を得られました。

そこで2年目は、一軍にもトレーニングに参加してもらいました。一軍とファームのコーチとスタッフ総勢80人で、組織文化を変えようとしたのです。

「そもそもみなさんは何を目標にしていますか」

私の問いに対して、一軍のスタッフのほとんどが「優勝」と答えました。

「なるほど、優勝を目指しているんですね」

そう確認して一つのセッションを終えます。休憩に入ったとき、近くにいた若手コーチたちと雑談を交わし、セッションの話になりました。

「目標は優勝なんですね」

私がそう確認すると、思いもよらない言葉が返ってきました。

「本当に優勝できると思います？　みんなこの戦力で勝てるとは思っていませんよ」

これこそ、目標を「共有」していても「共感」できていない最たる例です。

組織において、目標が「共感」されていないようでは意味がありません。

誰も体験したことがないので実感が湧かないのは仕方がないとしても、本気で優勝、日本一を狙うことを共感できる状態にすることが最初の課題でした。

■　3年目　「優勝するためには」と語るように

トレーニングを始めて2年目に判明した課題を解消するため、3年目に私が強烈に押しだしたのは「優勝」「日本一」という言葉でした。

グループで討議するときも、個人でワークシートに記入するときも、発言したり書いたりするときには必ず枕詞に次のフレーズを入れるように求めたのです。

「優勝するためには」

「日本一になるためには」

ワークショップでは、この言葉を参加者一人ひとりが何度も連呼せざるを得ない状況をつくりました。私もしつこく「優勝するためには」と言葉を重ねます。すべての場面において「優勝するためには」「日本一になるためには」と言葉にして、ひたすら意識できるように繰り返していきました。

当時のベイスターズは、優勝を狙うポジションにはありませんでした。そのため、最初はみなさん「優勝」や「日本一」という言葉を口に出すのが恥ずかしかったようです。それでも続けていると、徐々に口にするのが普通になっていきます。

そもそもコーチやスタッフが「優勝」や「日本一」と口にできなければ、選手に熱意は伝わりませんし、選手もその気にならないでしょう。

それを理解してからは、「優勝」「日本一」という言葉が急速に浸透していきました。

組織文化を変えるには、所属する人の言葉と行動が変わらなければなりません。

まずは言葉が変わり、話し方が変わっていく。最初は取ってつけたように話していた言葉が自然になじんでいくと、行動や姿勢も変わっていきます。

組織に所属する一人ひとりが無意識のうちに実践できるような習慣に落とし込むことが

できれば、その言葉や行動は組織文化として定着していきます。

ただし、新しい言葉や行動、それを支える価値観を無意識に浸透させるには時間がかかります。だからまずは意識できる部分から無理やりにでも変えていくのです。そうすると、少しずつ無意識へ変わっていきます。

もちろん、意識から無意識に変わる突破口として、言葉よりも先に行動を変えるケースもないわけではありません。何も言わずにただやらせて、そのあとで感想を言葉にさせる方法もあります。

ただ、多くの場合は言葉を変えることから入ったほうが変化しやすいと思います。

■一人ひとりが変わり、チームが生まれ変わった

組織文化を変えるさまざまな試みを実践すると、徐々にベイスターズのコーチやスタッフの行動が変わっていきました。ここでは何人かの実例を紹介します。

秘伝のコーチングを伝えて空気を変えた
――一軍外野守備走塁コーチの小池正晃さん

コーチは、自分だけが持つノウハウや指導法を駆使して選手を指導します。その価値が高いほどチームとの契約が成立しやすくなり、高額の報酬が得られる可能性が高まります。それもコーチは単年契約のため、常に自分の価値を球団に評価してもらう必要があります。自分の契約維持が最優先となるので、商売道具となるノウハウを明かすことに恐怖心を抱くのは当然のことでしょう。それぞれのコーチが磨いてきたノウハウは、死活問題に関わる秘伝中の秘伝なのです。

しかし、ベイスターズのファームのバッティングコーチ（当時）を務める小池正晃さんは、自分が指導する練習をビデオに撮影し、それをコーチ仲間に公開するようになりました。それだけでなく、さまざまなコーチからフィードバックをもらう取り組みを始めたのです。学ぶ組織文化が浸透した証しです。

小池さんは、松坂大輔投手（現埼玉西武ライオンズ）の同期で、1998年に横浜高校が甲子園春夏連覇を成し遂げたときの中心メンバーとして活躍、1999年にドラフト6位で横浜ベイスターズに入団しました。途中、中日ドラゴンズに移籍するも、再びベイスターズに戻って2013年シーズンに引退。2014年からベイスターズでコーチを務めています。

コーチングノウハウの公開は、どのようなスポーツでも嫌がられるものです。ラグビーでは最近になって公開が当たり前になりましたが、プロ野球では依然としてタブーとされています。

コーチにはそれぞれのやり方があり、プライドもあるため、自分のノウハウを公開したくない気持ちはわかります。自分以外のコーチにフィードバックをするのも、されるのも普通は嫌がります。フィードバックをすると、自分のノウハウが流出してしまうからです。

互いに学び合う環境がほとんどない中で、小池さんは自分のコーチングスタイルを仲間と共有しようと英断を下しました。私はその姿勢を、これこそが学習する組織文化の見本だとほかのコーチやスタッフの前で称えました。

ただ、最初は小池さんのコーチングの動画に対して、周囲もうまくフィードバックできずにいました。ノウハウの流出を懸念する気持ちもさることながら、ほとんどのコーチがほかの人のコーチングに助言をした経験がないため、何を伝えていいのかわからなかったのです。

こうした問題は、スポーツの世界だけでなく、ビジネスの世界にも当てはまります。管理職同士がノウハウを共有せず、フィードバックをし合わないのは日常茶飯事。マネジメント能力がライバルとの競争の源泉になるため、それを公開すると自分の優位性がなくなるという考えに陥りやすいのです。

営業ノウハウなどは典型的で、同僚を全員ライバルとみなす傾向があります。見かけ上は成功事例を共有し合っていても、肝心のノウハウは手の内に持っておこうと考える人が多いのです。こうした壁を破るのは一筋縄ではいきません。

しかしベイスターズでは、小池さんの勇気ある行動を受けて少しずつ空気が変わっていきました。

さまざまなコーチが自分なりに意見を言い合うようになり、コーチングをもっとロジカルに変えたほうがいいといった提案まで出てくるようになりました。そして小池さんはそのためのフレームワークを学び、コーチングスタイルを徐々に変えていったのです。

コーチ陣も少しずつ悩みを打ち明けるようになり、具体的に選手にどう語りかけるかというコミュニケーションのノウハウを互いに学び合い、新たな知識を共有するようになりました。さらに、トレーナーやサポーターといったコーチ以外のスタッフからフィードバックを受ける関係も構築できるようになりました。

小池さんの勇気ある取り組みが、ベイスターズのコーチングスタッフの組織文化を変える大きなきっかけとなり、ノウハウの共有が活発に行われるようになったのです。

振り返りノートを書き続け、自分を変えた
——一軍バッテリーコーチの藤田和男さん

「いまでは、毎日振り返りをしなければ気持ちが悪くなるくらい定着しています」

そう語る藤田和男さんは、トレーニングの過程で日々の振り返りを私にメールで送り、私からのフィードバックを求めるようになりました。ワークショップの課題としてではありません。自らの意思で学び続ける姿へ変わっていったのです。

藤田さんは社会人野球で9年間プレーして2010年に引退、2012年からベイスターズのファームで用具担当兼ブルペン捕手として3年間経験を積みます。2015年に

はプロ野球経験のないままファームのバッテリーコーチ補佐兼育成担当に就任、2018年からは一軍ブルペン担当バッテリーコーチ、2020年には一軍バッテリーコーチに昇格した経歴を持つ人です。プロ選手としての経験ゼロでコーチを務めるという、プロ野球界では異例のキャリアの持ち主です。

藤田さんは、ファームのブルペン捕手だった2014年から私のトレーニングに参加しています。その真摯でまじめな姿勢は際立っていました。選手への接し方、話し方、日々の準備など、コーチングの基礎となる講義の内容を真剣にノートに書きとめていたのを覚えています。

2015年、彼がコーチに就いた初年度のキャンプを終えたとき、自分なりのやり方で書き記したノートを私に見せてくれました。熱意の割にまとまりに欠けていた印象だったため、私は振り返りに関するフレームを伝えました。

「GOOD／BAD／NEXT」という良かったこと、悪かったこと、次への課題をポイントで整理する振り返り法です。その後、藤田さんの振り返りは進歩を遂げます。

「人は、振り返ることからしか成長できない」

藤田さんは、私のこの言葉にこう反応しました。

「自分が振り返ることで選手への声のかけ方が変わりました。僕にはこう見えたという一方的な見方だけでなく、選手にも自分で振り返る行動を引き出せるようになりました」

藤田さんは振り返りノートを提出する課題がなくなったあとも、個人的に振り返りノートを私に送り続けてくれています。

まだ全員に浸透したわけではありませんが、振り返りによって学びを深める組織文化は、確実に一人ひとりの中で定着しはじめています。

職人技を互いに学び合うグループに変えた
——チーフアスレティックトレーナーの塚原賢治さん

アスレティックトレーナー陣のリーダー（当時）は塚原賢治さんという方でした。

50代のシニア世代で、周囲に聞くと、昔は意見の伝え方や周囲の巻き込み方に課題を持っていたタイプだったようです。しかし組織文化を変えるトレーニングを評価してくれたようで、非常に素直に新たな行動に取り組んでいました。

アスレティックトレーナーは、選手の身体的コンディションを高めるためのトレーニングをどのように工夫すればいいかをそれぞれが考え、実践するのが仕事です。端的にいえば、それぞれが職人のように自分自身で技を究めていくのが普通です。

しかし、塚原さんをリーダーとするアスレティックトレーナーのグループは、チームビルディングを学びのテーマに据えました。トレーナーのチームビルディングがうまくいくと、トレーナー同士で切磋琢磨し、互いに学び合う関係になっていったそうです。

振り返りのフレームに基づいて日々の振り返りを忠実に行い、アスレティックトレーナーだけの年間計画を立て、それに対しても振り返るように変わっていきました。

究極は、アスレティックトレーナーが集うトレーナーの学会で、塚原さんのチームだけがチームビルディングをテーマに論文を発表したことです。トレーナーの学会でも、塚原さんたちのチームが発表したテーマは新鮮で、高い評価を得たそうです。

学びの組織文化が定着することで、それぞれのアスレティックトレーナーの引き出しが増え、チームそのものの強化にもつながっていきました。

コーチやスタッフの変化が選手に伝わり、選手が自分で動きだす
——キャプテンの佐野恵太さんら選手たち

ベイスターズの選手は、私のトレーニングに2019年から参加するようになりました。テーマはチームビルディング。コーチやスタッフのような反発はなく、トレーニングをスムーズに受けています。

選手はコーチやスタッフが以前からトレーニングを受けていたのを知っていて、こう聞いていたそうです。

「最初は抵抗があるかもしれないけど、まずは素直に受けてみるといいよ」

選手たちも、コーチやスタッフが言うのだから受ける意義はあるのだろうと、心の壁が低い状態で来てくれました。

2020年は「自分たちで考える」というテーマで、キャプテンの佐野恵太選手を中心に、チームのキャッチフレーズを考えてもらいました。

普通、この手のものは球団の専門部署が決めるケースがほとんどで、球団も外部に発注することもよくあります。しかし、「今回は選手にキーワードを考えてもらい、それを全

体ミーティングで発表してもらいたい」とお願いしました。

嫌がられるかもしれないと懸念しましたが、選手たちは快く引き受けてくれました。

「心をひとつに　BECAUSE WE ARE FAMILY」

佐野キャプテンが幹部会で発表したキャッチフレーズです。続いて彼は、このフレーズに込めた意味を語りました。

「(コロナ禍で大変な)いまこそ、みんなでひとつになろう。家族のような仲間になるのがいいと思うので、心がひとつになる理由を〝家族だから〟という言葉にしました」

チームはすぐにTシャツやタオルマフラー、ステッカーにこの言葉を刻み、ファンに販売しようと動きだしました。

キャッチフレーズを外部に考えてもらっていたら、このような形で広がらなかったのではないでしょうか。選手本人が考えた言葉こそ本物の球団グッズであり、ファンが心から喜ぶものでしょう。

2016年から5年間、ベイスターズを率いたアレックス・ラミレス監督も、私のトレーニングに参加し、数多くのメッセージを与えてくれました。こうしたトップの理解が組織文化の変革を後押ししたのです。

■ 最先端を常に走るスポーツチームへ

「我々は何のために野球をしているのか」

この問いに対して、自信を持って「日本一になるため」と言い切れるまで、ベイスターズでは実に3年の歳月がかかりました。いまでは日本一を目指していない選手やスタッフは一人もいないと萩原さんは言います。

2014年から始まったベイスターズの組織文化を変革する試みは、2021年で8年目に突入します。

最初は反発もありましたが、現在では選手やコーチ、スタッフが互いに学び合い、共有し、新たなことに挑戦して、変化や進化を起こせる組織文化に変わりつつあります。

コーチやスタッフ、佐野キャプテンを筆頭とする選手たちも、自律的に動きだすように変わりました。もう少し時間がかかるかもしれませんが、それでもベイスターズは間違いなく、当初目論んだ「継続的に強いチーム」へ変革を遂げつつあります。

最初から、全員が変革にポジティブだったわけではありません。たとえ成長しようとする意欲はあっても、すぐに成果が出たり、行動が変わったりするわけでもありません。もがき苦しみながらも学ぶ姿勢を貫いた結果、それが成果となってきたのです。

大切なのは、結果が出なくても、変化が起こらなくても、目的に向かっていることです。プロセスを変えたからといって、結果が出るかはわかりません。それでも、プロセスを変えない限り結果は変わりません。そしてプロセスは自分でコントロールできるのです。

私たちは、コントロールできる部分に時間と労力をかけるべきです。

一般的に、うまくいかない組織は自分たちでコントロールできない部分に時間と労力をかけているように見えます。だから、結果が出ないのです。

過去の変わらないことにとらわれるのではなく、自分たちが正すべきところを正し、伸ばすべきところを伸ばして強くなること。

組織文化を変えるには、自分たちが変えられることにフォーカスする必要があります。

2016年以降、結果だけを見てもベイスターズは間違いなく強くなっています。

それは、まぐれで勝ったわけではなく、たまたま有能な選手が集まったわけでもなく、次から次へと新しい選手が育つ組織に近づいた結果、強くなったのです。

「世界の最先端を常に走っているスポーツチームでありたい」

これがベイスターズの目指す最終的な理想像です。

「最先端を常に走る」とは、誰よりもいち早く変化する集団ということです。日本のベイスターズというチームは、道がないところを自ら切り拓いて新しいことに挑戦している。そんな組織になることを目指しているそうです。

そのためにはやはり、人や組織が変わらなくてはなりません。一人ひとりが自律的に学ぶ組織文化へ変わらなくてはならないのです。

ベイスターズは自ら学び、自分たちで考えて動きだす組織文化をつくり上げました。これからは自分たちで問いを立て、自分たちでフィードバックを行い、課題に立ち向かい、一層強くなるはずです。

事例3

タカノフーズ

老舗企業が自ら学び、考え、動く組織に変わった

歴史の長い老舗企業は、組織文化が確立されているように見えます。創業者の理念を軸とした社是が、組織の根底に深く浸透しているケースが多いからです。

しかし、遠い昔に定められた社是をベースに出来上がった組織文化が長らく変化していないのであれば、立ち止まって見直す必要があります。

企業を取り巻く環境は刻々と変化しています。それなのに組織文化がずっと変わらないままなら、時代の変化に合っているのかを一度、確認したほうがいいでしょう。必要であれば組織文化を未来に向けて進化させましょう。

老舗企業は歴史が長く古参社員も多いため、これまでの組織文化を変えて進化させるのは難しいものです。そんな中、果敢に組織文化を変え、未来に向けて変わろうとしている老舗食品メーカーがあります。「おかめ納豆」シリーズで有名なタカノフーズです。

同社は、納豆という日本人の食卓に欠かせない食品の製造業者として、安定供給の使命を担っています。そのため企業体質は堅実で、社員のみなさんは極めてまじめです。言われたことを着実に実行する組織文化が根づいていました。

一見すると、食品メーカーらしい勤勉さに弱点はないように思えます。しかしネックとなっていたのは、自分で問いを立て、考え、答えを見つけて自律的に行動することができないという側面でした。

同社の高野成徳社長は、こうした自律性の低さを抜本的に変革したいと考えました。トップの発案で動き出した組織文化の変革を紹介しましょう。

■確実に縮小する市場に抱いた危機感

納豆業界は、表面的には非常に業績が好調な状態が続いています。

好調の原因の一つとして、不況や災害に比較的強いという側面があります。最近は間断なく地震や台風、コロナ禍など、さまざまな災害が起こります。災害時、食品スーパーは一時的な品薄状態に陥り、消費者の買い占めが起こります。

自然災害時には野菜の価格が高騰するため、納豆で食物繊維を摂ろうとする人も増えます。納豆は1パックあればご飯のおかずにもなるし、野菜と違って価格も安く安定しているので、昔から野菜が高騰すると納豆の消費量が伸びていました。

こうした事業を営んでいるタカノフーズは、安定的に商品を供給していれば、簡単に経営危機に直面するような状況ではありません。

しかし長い目で見ると、日本社会はこの先、少子高齢化により確実に人口減少が深刻化していきます。その中で企業としてどのように生き残っていくのか。

タカノフーズはオーナー企業ですが、この先もずっと創業家が経営を続けていくかは未知数です。その場合、組織を強化しておかなければ、経営の安定化に不安が残ります。こうした課題をクリアするためにも、組織文化の変革と強化は避けては通れませんでした。

2017年3月、私は高野社長からオファーを受け、組織文化の変革に乗り出しました。

■ 一人ひとりに学ぶ技術を

当時の高野社長が考える、タカノフーズの課題は次のようなものでした。

先代の高野英一前社長（現会長）の時代から、QC（品質管理）などの小集団活動に取り組んできましたが、10年近く続けてもなかなか根づきませんでした。

人材育成において大切なのは、学ぶ姿勢を育むことです。一人ひとりの中に学ぶ姿勢がなければ、いくら教育をしても吸収されません。

経営理念を背骨として、一人ひとりが自律的に動ける組織文化へ変えていくこと。自分で考えて動くための判断基準が、タカノフーズの描く組織像と合致していれば、間違った意思決定が下されることはありません。

高野社長は社員の意識を変え、学ぶ技術を身につけて自律的に動ける組織文化へ変えたいと考えていました。

現状では、上からの指示がないと個々人の動きは滞る傾向が強かったのです。

私が見てもタカノフーズは経営陣も社員も実直でまじめな人ばかりです。

高級食材ではなく納豆という庶民的な食品を売っているからなのか、ずるい人がいません。ただ、どちらかというと指示待ちで、規律を大切にし、提案型というよりは請負型の傾向が強い印象でした。

現状のままでも非常に誇れる組織文化ですが、社員のみなさんは自分たちがすばらしい組織文化を有していることを知りませんでした。同時に自分たちで自律的に考えて行動できる可能性があることも、考えていなかったのです。「言われたことをきちんと実行できるのが、いい組織人だ」と思っていたのでしょう。

高野社長は、もっと自分たちの頭で考えて行動してほしいと思っていましたが、社内の雰囲気は言われた以上のことを実行することにまったく価値を感じていないようでした。

「世の中ではイノベーションが大事だと言われているが、タカノフーズに求められるのは言われたことをきちんと実行する人間だ。毎日食卓に上る食品を滞りなく安全に製造し、工場を遅滞なく動かさなければならない。自律的に動くよりも、言われたことをきちんと守る人材のほうが大事なのではないか」

社員の考えを要約するとそうなります。

高野社長はこれに物足りなさを感じ、自分で考えて動く自律型人材になるための学びを進める組織文化に変えたいと考えていたのです。

大切なのは、社内の共通言語をつくって組織文化を変えることであり、それに中長期的な視点で取り組むことです。単に知識や技術を教えるのではなく、リーダー層の学びを通じた組織文化づくりを提案しました。

私が一方的に教えるトレーニングではなく、一人ひとりが学ぶ組織文化へ変わることを主眼とするため、参加者を主役にしたトレーニングを実施しました。

目標は、私が普段教えているマネジメントのフレームワークを、タカノフーズの社内共通言語にすることです。その過程で、幹部が新しい取り組みに挑戦し、必死に学ぶ姿や、新しいことに取り組む際に発生するつまずきを共有することで、タカノフーズ全体に学習する組織文化を構築すること。そのための取り組みをスタートさせました。

■ 正解のない答えを導きだす力

トレーニングの参加者として最初に選抜したのは、役員やマネジャークラス、役職者ではないもののベテランや準リーダーの位置づけの人たちです。全社員の3分の1にあたる約230人を8班に分け、30人前後を1クラスとして、時間差でトレーニングを実施していきました。

高野社長の狙いはこうです。

「通常の研修は役職や年齢を絞って実施しますが、それではコミュニケーションが断絶してしまいます。今回はあえて幅広いポジションのリーダーに参加してもらいました。同じ会社で働いていても話をしたことのない人たちもたくさんいます。一度でも話をすれば組織の風通しが良くなり、組織文化を効率的に広められるようになるはずです」

現場社員のトレーニングは2017年の途中から始め、2017年と2018年は「目標設定」、2019年は「計画と準備」、2020年は「決断と実行」に取り組みました。

2021年は全体の振り返りを実施していきます。

トレーニングの過程ではさまざまな特徴が見えました。

まじめで言われたことをきちんと実施する人は、どうしても唯一の正しい「解」を求めようとする傾向があります。そのため、抽象度の高い質問を投げかけられると、なかなかすぐには答えが出てきません。

たとえば「いまからグループごとに決められた時間内で仲良くなってください」と言われると何もできないのです。「仲良くなるとはどういうことか」「どうすれば仲良くなれるのか」などと自分で問いを立て、答えを見つけようとした経験がないからです。

「それってどういうことですか」

「どうやればいいんでしょうか」

「さっきこう言いましたけど、これはどうなんでしょうか」

ちょっとした言葉の違いに反応し、講師役の私に一つひとつ確認を求めてきます。

抽象度の高い問いに向き合うときは、自分で言葉を定義し、課題を設定し、対策を打ちだしていく力が求められます。特に世の中が変化している時代には、自分で問いを立て、正解のない答えを導きだせるようにならなくてはなりません。その力が弱かったのです。

■ 自分で考えて動けるリーダーに

トレーニングを重ねていくと、変化の兆しが見えはじめました。

セッションでは、「次回までに、今日学んだ内容について社内で勉強会を1回開いてきてください」という課題を出しました。

当初はここでも正解を求める人が多く、「何時間やればいいんでしょうか」「何を教えればいいんでしょうか」といった質問の嵐でした。

しかし、中には私の意図を汲み取り、自分たちで考えて勉強会の企画を練って実行する人が現れてきました。自分を縛っていた思い込みを取り払い、自分がいいと思ったことを、自分で考えて実行しはじめたのです。

彼らのようなキーパーソンは、回を重ねるごとに学びを深めて成長します。私の意図をすぐに理解し、「自由に考えてください」と言えば自由に考え、「勉強会を1回開いてください」と言えば期待以上の取り組みを実践していきます。

普通なら、部下を数人集めて勉強会を1時間開く程度ですが、学びを深めようとする人は、1回あたり数人の勉強会を参加者を変えて2回も3回も開催するなど、より幅広い社員に学んだ内容を伝えようとしました。

勉強会で使う資料も自分で作成し、自分が体験した学びをわかりやすい例を交えて伝えるなど、工夫して勉強会に取り組みます。

これこそが、自分で考えて自分で正解を求め、実践することです。

■ キーパーソンを少しずつ増やしていく

私は、学びのロールモデルとなるキーパーソンを見落とすことなく紹介していきました。

このトレーニングの狙いは、学習する組織文化を構築することです。そして、自ら学ぶ姿勢を身につけることです。

そうだとすると、本当の意味で学びを体現している人を評価し、表に出して紹介し、その人をまねてもらうことが何よりも重要になります。

私は自分で考え、行動して学ぼうとしているリーダーを表彰しながら、こう伝えました。

「いいなと思ったらどうぞまねしてください。まねることは学ぶことです。まずは同じことをやってみて、自分なりに気づいたことがあれば、それを組み込んでいってください」

大人になると、恥ずかしさや格好悪さが先に立ち、なかなか素直に他人をまねることができなくなります。だからこそ、素直に他人をまねて自分を変えることが大切なのです。

率先して変わるキーパーソンだけではなく、変化したキーパーソンの姿をまねて学ぼうとする人たちもロールモデルとなり得ます。

私は「自ら学び、考えて、行動する人が評価される」と常に言い続け、トレーニングの場面ごとに、それを体現する人を称え続けました。

すると、称えられたキーパーソンをまねる人が少しずつ増えていきました。

それぞれの人の変化を察知し、変化が見えた段階でほめ、参加者の前に出して紹介する。この繰り返しと積み重ねで、少しずつキーパーソンを増やしていきました。

■ 自分で学ぶ力を育てる「間の学習」

「数時間の研修を受けたからといって人は簡単には変わりません。仮に230人の社員が研修に参加したとすると、効果が出るのは1%でいいと思っています。つまり2、3人。この2、3人が次の世代の伝道師になってくれればいい。それほど、人や組織を変えるのは時間がかかります。20年、30年単位で取り組むべきものなのです」

高野社長はそう言い切ります。

私が実施するのは1回3時間のトレーニングを3回、計9時間しかありません。高野社長が考える通り、たった9時間、業務の合間にトレーニングに参加したからといって、簡単に効果が出るとは思っていません。

大切なのは、トレーニングを受けたあとの時間です。

学んだことを、いかに仕事の中で実践していくか。自分で考えて行動しても、必ずしも成果が出るわけではないので、精神的なハードルは一層高くなります。

そこで、タカノフーズではトレーニング後に課題を与えました。

「間の学習」と名づけた課題の内容は、トレーニングを受けたリーダーが、受けていない社員に対して、学んだことを先生役になって伝えていくというものです。参加者にはこう言って動機づけを図りました。

「私のトレーニングのメインは集合学習ではなく、間の学習です。もちろん集合学習にも組織文化は反映されますが、変えるべきは、みなさんの現場にある組織文化です。だからこそ、間の学習を実施して自主的に頑張ってもらいたいのです。なぜなら、みなさんが力を発揮しているのは現場ですし、企業の収益を生みだすのは現場の組織文化ですから」

「間の学習」の結果は、次のようなポイントに絞って報告してもらいました。

✓いつまでに、どこで、何回教えるか
✓どのくらいの規模（人数）でやるか
✓具体的に何を教えるか
✓教えた結果はどうか

一般的に、仕事と研修は別モノだと思われがちです。だから、研修で学んでも現場に戻ったら忘れてしまうのです。

ポイントは、いかにして研修での学びと実際の仕事をコネクトするかということと、その仕掛けをどのようにつくるかということです。

こうした「間の学習」を4年間続けていると、少しずつ効果が表れはじめました。最近では課題を出していないのに「間の学習」を自ら実施し、活動を報告してくる人が増えてきました。自ら学び、行動する組織文化が定着してきた証しでしょう。

■ 順調なときにこそ手を打つ

同じ組織文化を「変える」というフェーズでも、ベイスターズのように劇的に変えなくてはならない状況に追い込まれているケースもあれば、タカノフーズのようにすぐさまドラスチックな変化が必要というわけではないケースもあります。

それでも長い間に確立された組織文化をさらに良くするには、変わっていかなくてはなりません。

危機的な状況でなければ参加者のやる気が高まらないという側面もありますが、それでもタカノフーズは、「いま良い状況にあるからこそ、もっと良くなろう」と、前向きに組織文化を変化させようとしています。

状態が悪くなってから組織文化を変えるのは大変です。危機的な状況に陥っているのに組織文化の変革をしている場合ではないと、反発も強まるはずです。

だからこそ、良いときにさらに良くする手を打っておくことが重要なのです。

タカノフーズのような姿勢は、現在順調な組織にとっても重要なヒントを与えてくれるはずです。

組織文化を変革するのは、簡単なことではありません。

どんな状況でも困難に直面し、時間もかかります。しかも、一度、組織文化が変わったからといってそれで終わりではありません。終わりにできない理由があるのです。

次章では、なぜ組織文化の変革を終わりにできないのかという点について、その本質に迫っていきましょう。

第五章

組織文化を「進化させる」

ラグビーの国際ランキング「ワールドラグビーランキング」ので長らく1位の座を守ってきたニュージーランド代表のオールブラックス（2021年1月16日時点では3位）。

ラグビーワールドカップ（W杯）では南アフリカと並ぶ3度の優勝を記録し、W杯における試合数は最多（最も勝ち上がったチーム）、勝率もトップです。実績はもちろん、世界中から尊敬を集めるラグビーチームです。

オールブラックスにはおごりがありません。最強のチームは、より最強になるための学びをやめようとしていません。

「Better People Make Better All Blacks」

これはオールブラックスのポリシーです。王座に君臨しても、このポリシーは変わるどころか、「Better People」をさらに進化させています。だからこそ、オールブラックスは世界トップクラスの成果を出し続けていられるのです。

ＵＥＦＡ（欧州サッカー連盟）チャンピオンズリーグは、１９５５年から始まった欧州大陸を拠点とするクラブチームの選手権大会です。優勝したクラブには「ビッグイヤー」と呼ばれる優勝カップが手渡されます。これは通常、翌年には返還しなければなりませんが、3連覇、もしくは5回の優勝で永久保持が許されます。

現在、永久保持が認められたクラブはわずか6つしかありません。

レアル・マドリード（スペイン）
ACミラン（イタリア）
FCバイエルン・ミュンヘン（ドイツ）
リヴァプールFC（イングランド）
FCバルセロナ（スペイン）
AFCアヤックス（オランダ）

いずれも世界を代表するビッグクラブです。

中でもFCバルセロナはUEFAチャンピオンズリーグ優勝5回、FIFAクラブワールドカップ優勝3回、スペインリーグ優勝26回を誇る最強チームの一つです。

世界有数のビッグクラブであるＦＣバルセロナにもおごりは見られません。彼らは世界一になっても、「今回は優勝できたが、未来が保証されているわけではないのだから学び続けなくてはならない」という謙虚な姿勢で、進化することをやめようとしません。

だからこそ、ＦＣバルセロナは世界トップクラスであり続けることができるのです。

■ 組織文化は進化し続けなくてはならない

この進化し続けるという姿勢は、企業においても非常に重要です。

世の中は常に変化しています。テクノロジーの進化によって世の中の製品やサービス、ビジネス形態、組織のあり方も変わっていきます。新型コロナウイルスによるパンデミックのように、未知の感染症や自然災害、気候変動によって社会は大きく変化していきます。

そのため、組織文化も進化し続けなければ、生き残ることが難しくなっています。

しかし社会の変化に合わせて組織文化を変えることが、企業にとって最善の策なのでしょうか。

本来は、外圧を受けて変わるのではなく、自分たちで変化していかなければ、主体的で能動的な組織文化の構築はできません。

自分たちの組織文化を変えて、競争環境や時代の変化に合って成果が上がり、組織がうまく回るようになると、ある課題が生じます。

組織の中の人々が現状を維持しようとするバイアスを働かせはじめるのです。

危険なのは、そこで「文明軸」に流れてしまうことです。第一章で一橋大学大学院経営管理研究科国際企業戦略専攻の楠木建教授が解説してくれたように、文明軸とは、「利益が上がる」「事業が拡大する」といった誰もが納得する評価軸のことです。

組織がうまく回るようになると、中の人々はかつて自分たちがつくり、成果の土台となった組織文化をつい見失い、文明軸の競争ばかりに目を向けてしまいます。

忘れ去られた組織文化として象徴的なのが、多くの企業にある社是でしょう。

創業者が会社を立ち上げたときには機能し、当時の組織文化の象徴となっていた社是も、トップが変わり、時代が変わり、組織の中の世代交代が進むと、いつしか風化して〝念仏〟のようになってしまうことがあります。

もし社是が機能していないのであれば、変えていかなくてはなりません。さもなければ、企業は衰退へと向かうでしょう。

もちろん、何が何でも社是を変えるべきだと伝えたいわけではありません。変えるべきものがあるのではないかと、ゼロベースで考えてみることが大切なのです。

■ なぜ社是を神格化するのか

個人の行動や感情は、環境の変化とともに変わります。同じように組織も時代や環境、構成する人が変われば変容します。仮に組織そのものが変わらなくても、社会が変われば組織の見え方や評価は相対的に変化していきます。

だからこそ、企業は常に自分たちの組織文化や価値観を意識し、変化を見逃さないようにしなければなりません。変化の兆しを捉えることが、生き残るためには必須なのです。

それなのに、組織文化を見直そうと考える企業は思いのほか少ないように感じます。

自分たちが定めた社是でさえ、見直そうとする動きはあまり見られません。一度決めたことを最後まで貫くとも言えますが、実際には放置しているケースも多いようです。社是は一度決めたら変えてはならないと思い込んでいるのかもしれません。

現代のビジョンやミッション、バリューも社是も、創業者やその時々の経営陣が、未来へ続くためにという思いを込めて事業の意義やあり方をまとめたものです。

こうした言葉がなければ企業は成長しなかったはずです。ただ、そんな思いが強すぎると、社是を〝侵すべからざる言葉〟として神格化してしまうのです。

もちろん、社是を変えなくていい場合もあります。言葉の背景にある思いをしっかりと理解した人が受け継ぎ、組織の中の人たちが、その言葉を自分たちのものとして解釈して伝え続けているのであれば、変える必要はありません。

一方、環境が変わったのに言葉だけが残り、人によって解釈が異なる状況になっているのであれば、それを大切に残したところで意味はありません。

■ その社是は通用しているのか

社是が風化していた場合、次のような対策を検討しましょう。

✓社是そのものを見直す
✓社是の捉え方を見直す
✓社是に使われている言葉を見直す

社是そのものが時代遅れになっているなら、躊躇《ちゅうちょ》せずにそれを見直すべきです。

社是はそのまま残し、その捉え方を見直してバージョンアップさせる方法もあります。

捉え方を変えるということは、組織文化を変えることでもあります。

社是の内容は悪くないのに言葉が古くなって頭に入ってこないのであれば、現代の言葉に変えるのも方法の一つです。言葉に手を加えたとしても、創業者の思いは残るので、躊躊する必要はありません。企業にとっては社是ですが、どんな組織であれその指針にあてはめて考えてください。

■組織文化という土壌を耕し続ける

人は、うまくいっているときには、その状況をメンテナンスしようと考えません。企業も同じです。事業そのものは定期的にメンテナンスしても、事業と同じような情熱で組織文化までメンテナンスしようと考える人はほとんどいません。

何らかの危機感や課題意識があって、一度、組織文化を見直したとします。これが成功すると、組織文化を意識することをやめて、また事業だけを見るようになってしまいます。

しかし、組織に属する人が目をそらした瞬間から、組織文化は進化を止めます。進化し続けるには、新たに構築した組織文化を常に意識しなければなりません。

組織文化を変えたあとに事業が成果を出しはじめると、組織文化が当初意図したものとは別の方向に変わっていくケースもあります。

成果が花開くことと組織文化が変わることの間にはタイムラグがあるので、事業がうまくいくようになったときには、変革直後の組織文化から様変わりしているかもしれません。組織の中の人が違和感を覚えたとしても、成果が出ていると問題視しづらくなる側面もあります。

一般的に見れば、売上高や利益といった客観的な数字のほうが説得力があるので、再び組織文化が変わってきたと薄々気づいていても、なかなかメスを入れることができなくなってしまうのです。

組織文化は、成果を生みだすための土壌です。成果という果実を豊かに実らせるには、それを生みだす土壌に目を向けなければなりません。

組織文化は数年後、十年後の自分たちを助けてくれると信じて目を配り、違和感を覚えたらこまめにメンテナンスし、時代や環境の変化に合わせて進化させていきましょう。

組織がうまく回っていて余力のあるときにメンテナンスをしていなければ、土壌は年々痩せていきます。

5年後、10年後にみすぼらしい果実しか実らなくなって初めて、組織文化のメンテナンスを怠っていたと気づき、そこから変革をしても、回復するには何年もの歳日がかかります。それでは遅いのです。

■自らを疑い、問い続けられるか

組織文化を進化させるには、一度変革を終えたあとも、再び「知る」「変える」のサイクルを回していく必要があります。変化したあとの新たな組織文化が定着すると、今度はその常識が組織の成長をはばむ足かせとなってしまう可能性もあるからです。

新たに構築した組織文化がうまくいくと、どうしても人は新しい組織文化の中にとどまりたくなるものです。

新たな組織文化が定着したあと、最近入社した中途社員から「なぜうちの会社はこんな習慣があるのですか」と聞かれると、ついこう言い放ってしまうケースもあるでしょう。「うちの会社はこういう文化なんだよ」と。

ここで思考停止に陥ってはいけません。たしかに一度、組織文化を変革したのに、そこからまた「知る」「変える」のフェーズに立ち戻るのは面倒でしょう。変化は痛みを伴うので、心理的にもつらくなります。

しかし、だからといって進化を止めたら元の木阿弥です。

定期的に立ち止まって、自分を疑ってみる姿勢が重要です。うまくいっていたことを成功パターンとして型にはめず、新たな組織文化を疑い、問い直していきましょう。

✓いまの組織文化は、本当に自分たちにとってベストなのか
✓自分たちの組織が目指す姿と現状の姿にどのくらいギャップがあるか
✓そもそも自分たちは何者なのか
✓いま実践していることが果たして最適なのか

こう問い続けることは簡単ではありません。

最初に組織文化を変えようとしたときには、危機感や課題意識があったはずです。しかし一度、手間も時間もかけて組織文化を変えることに成功したら、以前のような危機感は消えているでしょう。達成感もあり、組織もポジティブな状態で回っている中で、あえて

自分たちの組織文化を疑うのは非常に難易度の高いことです。意識的に問いかけ、フィードバックし合い、違う意見を言い合うなど、コミュニケーション全体のデザインを変えていかない限り、組織文化を進化させることはできません。

大変ですが、それでも進化し続ける意義はあります。

■ 変化を恐れず、自分で変われるように

大切なのは、自分たちから仕掛けるように変わり続けることと、リーダーが変わることを前向きに捉える姿勢でいることです。

組織文化を「進化させる」という難易度の高いフェーズだからこそ、外圧ではなく、自分たちから進んで変わろうとする空気をつくり出せるかどうかが大切になります。

組織文化を定期的にチェックし、不具合がないかを確認し、課題があればそれを修正していくのです。そのためには前提や常識を疑い、自分たちの組織文化を客観的に把握する視点を持ち、課題が見つかったら、恐れずこまめに組織文化にメスを入れていきましょう。

過去の成功体験によって獲得した視座や思考法、行動様式などで目の前の課題を解決することを「シングルループ」といいます。これは課題の改善と言い換えられます。

過去の成功体験をベースにしているため、シングルループでは課題解決そのものも過去の成功体験の範疇《はんちゅう》を脱却できません。

一方、過去の成功体験にこだわらず、新たな知識や情報を取り入れながら、目の前の常識を疑い、新しい視座で課題解決に臨むことを「ダブルループ」といいます。

ダブルループは「(過去の成功体験を活用する) シングルループが本当に正しいのか?」といったように大前提を疑うので、過去の成功体験を超える解決策を発見できる可能性があります。

いまの自分より一段上の視座で考えるためにはまず、前提を問うことから始めてみましょう。

現在、前提としている組織文化が本当にベストなのかと疑い、そもそもなぜいまの組織文化が生まれたのかと、その背景を再確認して常識を問い直すことで、先入観を排除していくのです。

■一段高い視座から問題を解く

人や組織は、成長するときにどんな形で進化していくのが理想的なのでしょうか。

私が監督を務めていた早稲田大学ラグビー蹴球部を例に取ると、中学や高校時代の成功体験をベースにプレーし続けている選手は、残念ながら大学ではなかなか活躍できません。

それは中学や高校時代の視座で物事を考えて行動し、ステージが一つ上がった大学という場のものの見方や考え方を取り入れないからです。

過去の考え方を捨て去り、一段高い視座で物事を考えるようになった選手のほうが成長していきます。

それも大学の選手でありながら、「もし自分が社会人のトップリーグの選手ならどんなプレーをするか」と現在の自分よりも一段高い未来の視座から物事を考える選手は、もっと進化していきます。

ビジネスの世界でも、キャリアにおいて成長が止まる人のほとんどは、過去の成功体験に執着する傾向があります。

過去と同じ視座で目の前の問題に対応しようとすると、過去に経験できた問題にしか対応できません。一段高い視座で考えるようになると、過去とは異なるアプローチで問題を解決しようとします。

「なぜあんな些細なことに悩んでいたんだろう」と課題そのものが課題でなくなっていった経験がある人も多いのではないでしょうか。それは、過去の方法に固執することなく、新たな方法を柔軟に模索することができるようになったからです。これこそが、課題の捉え方を変えていくダブルループを使った考え方の一つです。

組織も同じように、一つ上のステージへ成長しようとすると、過去にはない「解」を求める必要があります。このとき、ダブルループによって「そもそも現在の前提は正しいのか」と自問し、過去の成功体験や目の前の常識にとらわれず、新たな視点を持たなくてはなりません。

それこそが、組織文化が進化するということなのです。

■ イエットマインドで成長を促す

心理学に「グロースマインドセット」という言葉があります。アメリカのスタンフォード大学心理学教授のキャロル・ドゥエック氏が提唱した、「人間の基本的な資質は経験や努力によって、伸ばすことができる」という考え方のことです。

私の経営するチームボックスでは、この「グロースマインドセット」を「イエットマインド」と表現しています。「イエット＝ＹＥＴ（まだ）」という言葉の概念をうまく活用して、「もっと成長できる」「まだまだ変われる」と、伸びしろを最大化するような発想です。

このイエットマインドの考え方を生かして、組織文化を変革したあとの自分たちの姿を１００点満点中、あえて９点に設定するのです。

「あんなに苦労して変革したのに９点なのか」と驚くかもしれません。しかし、見方を変えれば、この先さらに91点も伸ばせるのです。

たとえば１００点満点中、いまの組織の姿を80点と捉えると、足りない20点を埋めるためには、現状の取り組みをベースに考えてしまいがちです。

しかし、現在の姿が100点満点中91点も足りないなら、現状の枠組みの中で考えても答えは出ないはずです。あえて前提を変えなければ実現できないほど低い点をつけることで常識を疑い、変わり続けるのです。

自分たちを疑い、過去の成功体験にとらわれず、謙虚に学び、変わり続けること。組織文化を進化させることができれば、本当の意味で組織は強く生まれ変わります。

具体的に組織文化を進化させるための方法をご紹介しましょう。

HOW TO PROGRESS

組織文化を進化させるときに大切なのは、問いの立て方に尽きます。言い換えれば、組織の中にいる人たちにどのような問いを投げかけ、コミュニケーションをデザインしていくかということです。そのために必要な3つのアプローチをお伝えします。

❶［WHY］「なぜ」進化させるのかを問いかけ合う

組織文化が変わり、成果が出はじめた頃に、「進化し続けるために何が足りないのか」と問いかけたとします。

すると、きっと組織の中からは疑問や反発が出てくるでしょう。これまで時間や手間をかけて組織文化を知り、変えて、うまく回りはじめたところなのに、なぜあら探しをするのか。「うまくいっているのだから、いいだろう」と反発されるかもしれません。

拒絶反応を起こさせないためには、「うまくいっているけれど、さらに進化していこう」というマインドセットを組織全体に埋め込む必要があります。

「たしかに現状はうまく回っているけれど、世の中が変わっているのだから、自分たちも変わり続けなくてはならない」

「自分たちの組織文化なのに、外圧によって変えられるのは不本意だ。だったら自分たちから進んで変わっていこう」

「いまやっておかないと、何かあってからでは遅いのだから」

なぜ組織文化を常にチェックし、進化し続ける必要があるのかという根本的な「WHY」の部分をしっかりと問いかけ合うことが大切です。

組織文化について問いかける意義を広く理解してもらいましょう。

❷「HOW」「どのように」進化させるのかを問う

組織文化を進化させるには、先ほど触れたシングルループではなく、ダブルループの問いが必須です。前提を疑い、一段視座を高めて組織文化を見直す問いを考えるには、次のような切り口をヒントにしましょう。

✓そもそも自分たちは何者なのか
✓本当にうまくいっているのか
✓組織文化を変化させることができた要因は何か

✓いままでの成功体験を捨てて何を得られたのか

具体例を用いて解説しましょう。

たとえば安定志向の強い食品メーカーが、革新的な組織文化に変わったとします。自由な発想を重視するようになり、これまでは考えられなかったような斬新なアイデアが次々と生まれ、自社で製造した健康商品と購入者への健康コンサルティングをセットにした新製品まで誕生しました。これが大ヒットしたとします。

組織文化を変え、成果も出て大成功したのだからそれでいいと思うかもしれません。

しかし、ここであえて次のような問いを立ててみるのです。

「果たして自分たちは食品メーカーなのか」

「食品業界という枠にとらわれていないだろうか」

大前提としていた食品メーカーという自己認識を疑ってみるのです。もし新しい取り組みが好評なら、食品メーカーの枠を飛び越えて、健康コンサルティング分野に乗り出してもいいでしょう。

これまでとは畑違いの事業が成功すれば、組織の形やルールにも変革が必要になります。

組織の中の人たちが日々、交わす言葉や行動、共有する価値観も変わっているはずです。

こうした変化の中で好循環を加速させるには、常に自分たちや外部の変化に敏感になる必要があります。

過去の成功体験を手放すことも必要です。組織文化が変わり、革新的な発想が生まれてすばらしい成果を生みだしたことは事実です。しかし、同じような方法ばかり繰り返していたら、いつかは時代の変化に取り残されてしまいます。

「これまでの成功体験を捨てることで何を学ぶことができたのか」という問いを立ててみましょう。

多角的な問いを立てるだけでも、幅広い視点で考えるきっかけが生まれます。

組織文化の変革に成功したなら、あえていま、どのような問いを自分たちの組織に投げかけるのがいいのか考えてみましょう。

❸【WHAT】進化するために「何を」すべきか問う

組織文化を進化させるために具体的に「何を」すべきかを問うには、時系列を行き来することも有効です。

✓過去に、ほかにやれたことはなかったか
✓現在に、もし自分たちが100点満点中9点だとしたら、何に取り組めばいいか
✓未来に、100点満点になった自分たちの組織や社会はどうなっているか

こうした問いを組織の中にいる全員で考えてみましょう。

会社の規模が大きく、いきなり全員で考えるのが難しいのであれば、部門ごとに分けて考えたり、リーダー層や経営陣から考えたりしてもいいでしょう。

まずはこんな問いを投げかけてみてはどうでしょうか。

✓これから、どのような事業に特化すべきか
✓自分たちの組織は、どのような人材を大事にすべきか
✓売り上げばかりを求めて、別の要素を疎《おろそ》かにしていないか
✓顧客とのつながりで大切なことは何か
✓これから先、どのようなステークホルダーを巻き込んでいくのか

10年後の自分たちは、いまの自分たちにどんな具体的なアドバイスをするか考えてみましょう。

「事業領域」「人材育成」「ビジョン、ミッション、バリュー」「ＳＤＧｓ」「ＩＲ（投資家向け広報）」など、それぞれの領域で10年後の自分たちから、いまの自分たちに与えるアドバイスを想像してみるのです。

①ＷＨＹ、②ＨＯＷ、③ＷＨＡＴの順に問いを立てていきましょう。人も組織も成長し、より強くなるには、常に問いを立てて考え続けなければならないのです。

■ 世界一の組織も自力で進化している

ラグビーニュージーランド代表のオールブラックスには歴代受け継がれてきた15の行動規範があります。彼らは、常にこの行動規範に沿って自分自身に問いかけ、世界一の座に慢心することなく進化し続けています。

サッカーの世界で飛び抜けた強さを誇るＦＣバルセロナも、彼らの組織文化である「ハンブル＝humble（謙虚な）」姿勢を軸に、常に自分たちの姿を問いかけ、学び、進化しようとしています。

世界屈指のサービスとホスピタリティで知られるザ・リッツ・カールトンホテルは、さらに上のサービスとホスピタリティを目指すため、こう問いかけているそうです。

「きみたちは世界一か」

自分たちを疑い、常に自己点検しているからこそ、彼らには慢心がなく、世界トップクラスのホテルグループとして君臨し続けていられるのです。

世界で勝ち続ける組織は、世の中で言われているきれいごとを純粋に実践、共有し、問いかけることで進化し続けています。

きれいごとを恥ずかしがるのではなく、堂々ときれいごとを言い、実践する姿勢が組織文化を進化させていくのです。

事例4

ジョンソン・エンド・ジョンソン

社是は、見直し続けるから信頼に値する

ジョンソン・エンド・ジョンソンは1886年創業、約13万2000人の社員が、世界中で10億人以上に製品やサービスを提供しているヘルスケアカンパニーです。

グローバルの総売上高は821億ドル（2019年実績）、営業利益は36期連続で増益、配当も58年連続で増加しています。名実ともに、世界のエクセレントカンパニーと位置づけられる企業グループです。

そのジョンソン・エンド・ジョンソンには、すべての経営のコアバリューとなる羅針盤があります。それが「我が信条＝Our Credo（以下、クレドー）」です。

1943年、当時のCEOのロバート・ウッド・ジョンソンJr.は、ジョンソン・エンド・ジョンソンがニューヨーク証券取引所に上場する1年前に、クレドーを起草しました。

「顧客第一で考え行動し、残りの責任をこの順序どおり果たしてゆけば、株主への責任は自ずと果たせる」
「これに賛同できない人は他社で働いてくれて構わない」
（いずれもジョンソン・エンド・ジョンソンのカンパニープロフィールより）

それほど長くないので、次に全文を転載します。

我々の第一の責任は、我々の製品およびサービスを使用してくれる患者、医師、看護師、そして母親、父親をはじめとする、すべての顧客に対するものであると確信する。顧客一人ひとりのニーズに応えるにあたり、我々の行なうすべての活動は質的に高い水準のものでなければならない。
我々は価値を提供し、製品原価を引き下げ、適正な価格を維持するよう常に努力をしなければならない。顧客からの注文には、迅速、かつ正確に応えなければならない。我々のビジネスパートナーには、適正な利益をあげる機会を提供しなければならない。

我々の第二の責任は、世界中で共に働く全社員に対するものである。社員一人ひとりが個人として尊重され、受け入れられる職場環境を提供しなければならない。社員の多様性と尊厳が尊重され、その価値が認められなければならない。社員は安心して仕事に従事できなければならず、仕事を通して目的意識と達成感を得られなければならない。待遇は公正かつ適切でなければならず、働く環境は清潔で、整理整頓され、かつ安全でなければならない。社員の健康と幸福を支援し、社員が家族に対する責任および個人としての責任を果たすことができるよう、配慮しなければならない。社員の提案、苦情が自由にできる環境でなければならない。能力のある人々には、雇用、能力開発および昇進の機会が平等に与えられなければならない。我々は卓越した能力を持つリーダーを任命しなければならない。そして、その行動は公正、かつ道義にかなったものでなければならない。

我々の第三の責任は、我々が生活し、働いている地域社会、更には全世界の共同社会に対するものである。世界中のより多くの場所で、ヘルスケアを身近で充実したものにし、人々がより健康でいられるよう支援しなければならない。我々は良き市民として、有益な社会事業および福祉に貢献し、健康の増進、教育の改善に寄与し、適切な租税を負担しなければならない。我々が使用する施設を常に良好な状態に保ち、環境と資源の保護に努めなければならない。

我々の第四の、そして最後の責任は、会社の株主に対するものである。事業は健全な利益を生まなければならない。我々は新しい考えを試みなければならない。研究開発は継続され、革新的な企画は開発され、将来に向けた投資がなされ、失敗は償わなければならない。新しい設備を購入し、新しい施設を整備し、新しい製品を市場に導入しなければならない。逆境の時に備えて蓄積を行なわなければならない。これらすべての原則が実行されてはじめて、株主は正当な報酬を享受することができるものと確信する。

起草から78年、現在もクレドーはジョンソン・エンド・ジョンソンの組織文化として息づいています。

■ クレドーを羅針盤にして行動する

自然災害や貧困、未知のウイルスなどといった社会問題は深刻化し、その解決策に正解はありません。企業を取り巻く環境も複雑化し、企業の課題も一筋縄では解決できなくなっています。

ジョンソン・エンド・ジョンソンの場合は、クレドーが浸透していてあらゆる行動、考えの方向性を決める羅針盤となっています。だから、社員の判断や決断がぶれることはないのだと、同社日本法人、ジョンソン・エンド・ジョンソンの代表取締役社長の玉井孝直さんは言います。

「クレドーから外れたリーダーシップや行動を取ることは誰もできません。社内で『その行動はクレドーベースじゃないよね』と指摘されたとき、『そんなこと知るか』と言える人はいないからです」

ジョンソン・エンド・ジョンソンには、クレドーをベースにした組織文化が浸透しています。

企業経営では、利益の追求と社是の遵守が対立することもあります。そんなときでも、ジョンソン・エンド・ジョンソンではクレドーが判断の基準になります。

クレドーが掲げるのは、顧客のニーズに対して質的に高い水準で対応することを追求しながら、社員がありのままの自分で最大限の力を発揮できる環境づくりに努め、強いリーダーをつくることです。そして社員全員がリーダーシップを発揮し、地域社会に貢献しながら、持続的に事業を行うために利益を生みだすことを目指しています。

クレドーを遵守しながら利益を伸ばし続けるために、どのような判断が下されているのでしょうか。

クレドーには利益さえ出るなら適当な製品を出していいとは書いていないので、より革新的で競争力のある製品やより良い製品を出し続けるため、継続的に売り上げの約11%を研究開発費にあて、イノベーションに力を入れているそうです。

そのうえで継続的に成長しなくては、クレドーを遵守したことにはならないので、実に厳しい組織文化が根づいているともいえるでしょう。

現在、クレドーは世界49以上の国と地域の言語に翻訳されていますが、どの国や地域に行っても異なる理解をしている社員はいないそうです。それはクレドーを単なる〝念仏〟にしない仕組みがあるからだといいます。

■過去に4回も改訂されてきたクレドー

社員に浸透し、すべての行動の羅針盤となっているクレドーですが、誕生してからこれまで一度も変わらなかったわけではないそうです。過去には大きな改訂が4回ありました。ジョンソン・エンド・ジョンソンではより強固で、より公正な企業行動を担保するために、クレドーそのものも常にチェックしています。

第1回の改訂は1975年。この年、アメリカのビジネス界では海外における不正支出が発覚したことで企業倫理や商慣習に対して注目が集まりました。

こうした社会背景を受けて、ジョンソン・エンド・ジョンソンではクレドーの価値を見直すために「クレドー・チャレンジ・ミーティング」を開催しました。経営陣が議論を重ねて、クレドーの内容を時代に合ったものに改訂したそうです。

第2回は1979年。世界的に環境問題が注目されはじめたので、第三の責任に「環境と資源の保護に努めなければならない」という文言を追加しました。企業理念の中に環境保護や資源保護をうたったのは、当時の時代背景を考えるとかなり早かったはずです。

第3回は1987年。第一の責任において、ずっと「母親」とだけ書かれていたところに「父親」という言葉を、第二の責任に「社員が家族に対する責任」という言葉を加えました。会社として、社員の生活に踏み込んで配慮しなければならないと強調したのだそうです。

第4回の改訂は2018年。このときは第二の責任で「ダイバーシティ&インクルージョン」の取り組みをより明確に示して、一つの形ではなく、さまざまな形が存在することが正しいという考えを強く押しだしたそうです。性別や人種、ハンディキャップの有無、LGBTQなども含まれますが、そもそもさまざまな考えを受け入れるチームにならなければ、複雑で変化の激しい時代に生き残れないという思いを込めたといいます。

また2018年の改訂では、本社の経営陣が約2000人の社員から意見を聞いたうえで改訂を決めたそうです。ボトムアップとトップダウンのバランスを考慮しながら、組織文化を進化させようとしているのです。

■ 進化するための二つの仕組み

クレドーのような組織文化は、多くの企業にとって「絵に描いた餅」になりがちです。起草した頃には「すばらしいものができた」と盛り上がりますが、時間が経つとどうしても形骸化していくものです。

それを避けるには、普段から問いを投げかけ続けることが重要になります。

ジョンソン・エンド・ジョンソンでは、その仕組みを確立しているといいます。

その一つが、毎年1回実施される「サーベイ」です。サーベイの問いはグローバルで統一され、言葉の選び方や問い方を徹底し、より正確な結果を得るよう工夫しています。全世界の全社員が回答するので、通称「マネジメントの通信簿」と呼ばれています。

毎年、サーベイを通して全世界で同じ問いが立てられるため、結果は国や地域ごとに比較ができます。前回と比べて変化するポイントもわかるので、時間とともにどのように変化したのかも把握することができるそうです。

改善する必要がある点は真摯に受け止め、ディスカッションを重ねて「クレドーアクションプラン」を提示していきます。単にクレドーに対する姿勢を調べるだけでなく、実際に具体的な行動に落とし込んでいるから、絵に描いた餅にはならないのでしょう。

このほか、リーダーが「クレドーが本当に生かされているか」「きちんと使われているか」を検討し、クレドーの解釈や前提を捉え直す仕組みも用意しているといいます。

これは定期的に実践されるわけではなく、しかるべきタイミングにリーダーが集まり、クレドーの内容を軸に、実際に社内外で起こったケースを通じて議論を重ねるそうです。

世の中は複雑性に満ちています。誰もが納得する正解はなく、何を選ぶにしても葛藤が生じるような問題ばかりです。あえてそのようなケースを取り上げ、リーダーはどのように判断すべきか、クレドーを軸に議論・検証して、クレドーへの理解を深めているのです。

■ 自分を疑うことができるか

大きな問題もないのに組織文化を見直し、進化させるための問いを立てるのは、非常にハードルの高いことです。

コーチングの世界では、それを「セルフダウト」と呼びます。

組織文化の世界でも、いい意味で前提を疑い、適切な問いを立てなければ、組織は進化していきません。玉井社長はこう言います。

「セルフダウトし、リーダーとして事あるごとにメッセージを伝えていく。クレドーベースのアクションが起これば、それはいいねと頻繁《ひんぱん》に称えることが大切だと思います」

ジョンソン・エンド・ジョンソンでは、社員一人ひとりがクレドーを強く意識しています。サーベイで改善したほうがいい結果が出ると、現場で行動を変えることにも躊躇はないといいます。クレドーが、組織文化の根底にきちんと根づいているのです。

そのうえで、各部署やより小さな単位のユニット、大きな単位の事業部、グループ会社など、それぞれのレイヤーでアクションを起こし、意識的にそれを発信しているそうです。
ポイントは、社員に照れや恥ずかしさがないことです。玉井社長はこう言います。
「クレドーに基づいた行動を同僚に話すことに躊躇がなく、それを聞いた人もいいねと素直に評価する。クレドーベースの行動を点数稼ぎやアピールに使っているとネガティブに評価する人はいません」

組織文化とは、ある意味ではきれいごとです。このきれいごとを素直に表現し、誰もが躊躇なく実践できることこそ、組織文化が根づいている証左でしょう。

組織文化は、それを構成する人の受け止め方や外部環境などによって常に揺らぎます。ジョンソン・エンド・ジョンソンのようにクレドーという明確な指針があったとしても、その解釈は結局のところ人次第です。

指針を形骸化させないためには、組織文化の担い手となる一人ひとりが、定期的に自分たちの姿を疑い、問いを立て、答えを見つけていかなければなりません。

勝ち続けるチームや組織、企業が、ある時点で崩れ、それ以来立ち直れなくなったケースは枚挙にいとまがありません。どんなにすばらしい組織文化があっても、一人ひとりが自らを疑い、問うことをやめた瞬間に組織は弱くなります。
目的に向かっている自分を信じ、そのうえで足りないものは何かと問い続けること。
問いを重ねながら、自分たちらしい答えを見つけていくこと。
強い組織や最強の集団は、常に自ら問いを投げかけ、組織文化を進化させています。
問い続ける組織文化こそ、ウィニングカルチャーというのではないでしょうか。

終章

組織文化に至る旅

私が組織文化について本格的に意識しはじめたのは、実はこの数年のことでした。

ただ、これまでの歩みを振り返ってみると、私は組織文化を変えるいくつもの原体験を重ねてきました。

若い頃から、無意識のうちに組織文化の重要性を感じていたようなのです。

その萌芽は、早稲田大学ラグビー蹴球部で主将になった体験にありました（詳細は主将時代の私たちの挑戦について書かれた時見宗和著『オールアウト』をご覧ください）。

■ 異例だった「モラル」「謙虚」「感謝」

1993年4月、早稲田大学人間科学部に合格した私は、念願のラグビー蹴球部に入部しました。ところが怪我や実力の問題から入部してから3年間、一度も公式戦に出場することはできませんでした。

大学3年生のときに臨んだ全国大学選手権の決勝でも、レギュラーはおろか6人のリザーブ枠にも入れず、スタンドから観戦しています。ここで明治大学に大敗し、早稲田大学は6年連続で優勝を逃す苦境に立たされました。

そんな厳しい状況の中で私たちの代は最上級生になりました。

それまで、早稲田大学ラグビー蹴球部の主将は、前年の監督と卒業する4年生の幹部が指名していました。当時の監督や4年生の幹部は、1年生から試合に出ていた選手を主将に考えていたようです。ところが、当時の主将は私たち3年生に向かってこう言いました。

「主将を決めるのはおれたちだけど、おまえたちの意見も尊重する。3年生で話し合った結果を監督に報告する」

その言葉を受け、35人の3年生で話し合い、31人の賛成で選ばれたのが私でした。

「中竹と一緒にチームをつくりたい」

「一人が絶対的なリーダーになるのは限界がある。その意味でも中竹がいい」

私は公式試合への出場経験がないので、プレーヤーとしての実力で選ばれたわけではありません。強力なリーダーシップもありません。むしろ、みんなでつくるチームのコンダクターのような役割を期待されたのです。

「一体、何を考えているんだ。公式戦に一度も出ていない部員を主将にするなんて、早稲田を潰す気か」

監督やOB、年下の部員は大反対でした。当然だと思います。そのあとも思わぬ紆余曲折が重なり、結局は私が主将に就任することになりました。

新チーム初日、私は部員に自分の考えを伝えました。

「去年の早稲田は監督と主将が先頭にいて、おれたちは全員で後ろから二人の背中を追いかけた。今年の早稲田の主将はおれだ。でも、おれのほうを見る必要はない。おれと同じ方向を向いてくれればいい。同じ方向さえ向いていれば、みんなは前を走ってもいいし、後ろからついてきてもいい。横にいても構わない」

イメージしたのは、リーダーが先頭に立って引っ張るチームではなく、全員でリーダーをサポートするチームです。

「今年はみんなで支え合っていこう。主将はおれだけど、意見があれば遠慮せずにどんどん言ってきてほしい」

続いて、チームの目標を発表しました。

まずはX軸を「徳」とし、Y軸を「勝利」とする座標を描きました。続いて原点からX＝Yとなる右肩上がりの直線を描き、その直線の先に「勝者」と書きます。この「勝者」をチームの目標にすると宣言するとともに、「徳」を実現するためのテーマも具体的に伝えました。

「モラル」

「謙虚」

「感謝」

単に勝つことが目的なら、ラグビーに関するスキルや肉体的なフィットネスを極限まで高めれば済むのかもしれません。

しかし、それだけでは限界があると感じていたのです。

当時の早稲田のラグビー蹴球部には、ある価値観が定着していました。明瞭に言葉にされていたわけではありませんが、大学選手権での優勝がすべてで、それ以外の結果はたとえ準優勝でも認められないという不文律です。

大学選手権の決勝戦で負けても1回戦で負けても、同じ「負け」として扱われます。優勝できなかった世代の部員は、優勝したときだけ歌える部歌『荒ぶる』を卒業したあとも一生歌えません。

大学の体育会なので、そのこと自体が問題だとは思いません。しかし、当時は「勝利こそがすべて」という価値観があまりにも強くなっていました。

私はそれにずっと違和感を抱いていました。

この空気を変えたい――。

そう考えて掲げたのが「モラル」「謙虚」「感謝」という言葉でした。

■空気が変われば成果も変わる

誰が考えても善しとされることを、恥ずかしがらずに堂々と実践でき、誰でも意見を言える状態で、弱さをさらけ出せるチームになること。

そのようなチームに変われば、競技のパフォーマンスも上がると考えました。

そもそも早稲田大学ラグビー蹴球部では、誰もが地獄のような入部テストを乗り越えてラグビーをやりに来ています。これ以上鍛えたら逆効果になるとわかっていても、自分の体を痛めつけてうまくなろうとする部員ばかりです。技術的なアドバイスは、監督やヘッドコーチがするし、主将を補佐する副主将もいます。そこに、私がフォーカスする必要はありません。

むしろ私が主将として取り組みたかったのは、ラグビーをやるにあたって大切になるチームの空気を変えることでした。

空気が変われば、チームは絶対に強くなる。空気を変えるためには、「モラル」「謙虚」「感謝」が必要だ。

そんな思いの詰まった目標を発表すると、同期は特に強く反応しませんでした。

「おまえが言うことは当たり前の話だから、やってもいいんじゃないか」

「おれたちがおまえを選んだんだから、やりたいようにやればいいよ」

言葉にこそしませんでしたが、そのような肯定的な思いを受け取りました。

しかし、同期の仲間以外からは完全に否定されました。

長らく業績が悪く、売り上げも利益も上がらないのに、新たに就任したど素人の社長が今年度の方針を「モラル」「謙虚」「感謝」としたとしましょう。社員やステークホルダーは新社長をバカにするに決まっています。実際に、私も後輩やOB、メディアなどからは散々バカにされました。

ただ、それは想定内でした。

バカにしている後輩たちも、これまでそういう考え方に本気で向き合ったことがなく、きれいごとを言われて恥ずかしくなっているだけです。きちんと挨拶したり、感謝の気持ちを伝えたり、ゴミを拾ったりするのを実践して、気持ち悪くなるわけがないという確信がありました。

恥ずかしい気持ちをなくし、それをするのが当たり前の空気になれば、誰もが積極的に取り組むに違いない。

正々堂々ときれいごとを実践する姿勢がチームを強くする。そう信じていました。

結局、大学選手権では決勝で明治大学に敗れ、私たちは頂点に立てませんでした。それでも、ダメな代だと揶揄《やゆ》されたチームは確実に強くなりました。

いま振り返ると、チームの組織文化を変革したことで準優勝まで上っていけたのだと確信しています。

正気の沙汰ではないほど自分を追い込んで練習し、スキルやフィットネスを極限まで高めると、さらに高みにのぼるには練習以外の部分しかありません。極限まで練習してやれることがなくなると、人は心のあり方に目を向けるようになるからです。

最終的には、人間としてどうあるべきかという部分にたどり着きます。だからこそ「モラル」「謙虚」「感謝」という姿勢が大切になるのです。

それは3年生までの日々で痛いほどわかっていました。

だとしたら、本番となる大学選手権の直前だけ行動を改めるより、1年間行動し続けたほうが強くなるのは間違いありません。

当時の私は、組織文化という言葉は知りませんでしたが、結果として、私が主将時代に学び、推し進めたのは、早稲田大学ラグビー蹴球部の組織文化の変革だったのです。

これが、私の組織文化の原体験でした。

■ カリスマ監督からのバトンタッチ

早稲田大学を卒業した私はイギリスに渡り、レスター大学大学院で社会学を学んで帰国、そのあとは三菱総合研究所に就職しました。入社5年目を迎えて仕事が軌道に乗りはじめていたある日、携帯電話に清宮克幸さんから着信がありました。

「あと1年やったら、おれは退く。次の監督におまえを推薦しようと思っている。チャレンジするか、よく考えてくれ」

清宮さんは、早稲田初のフルタイム監督として、緻密な理論とカリスマ性でチームを牽引し、就任2年目には13年ぶりの大学選手権優勝に導きました。さらに翌々年からは2連覇を達成するなど、低迷していた早稲田を復活させた立役者です。

清宮さんの任期は5年。後任を決めるにあたり、清宮さんは私を推してくれました。さまざまな障害はあっても断る理由はありません。むしろ、やらなければならないという使命感で、監督を引き受けることにしました。

当時の私には、早稲田ラグビーに対して一つ懸念がありました。

清宮さんの手腕で、低迷していた早稲田ラグビーは復活しました。在任5年間で大学選手権の優勝3回、準優勝2回、常勝軍団へ脱皮したと考えていいでしょう。

質の高い指導力とカリスマ的なリーダーシップを持つ清宮さんが、強烈なエネルギーを放つ強いチーム。しかしそれは一方で、清宮さんに強く依存した構造になっていました。清宮さんがいなければ機能しないチームになっていたのです。そして、その問題に気づいている人がほとんどいませんでした。

清宮さんは、次のような考えで部員たちを率いていたように感じます。

経験の浅いプレーヤーがその場で判断してはいけない。自分はさまざまな経験をしたうえで、監督として考え抜いて戦略を練り上げているし、その戦略に基づいて練習もしてきた。それにもかかわらず、プレッシャーがかかったからといって、土壇場で勝手なプレーをするのは許されない。

当然のことながら、学生は清宮さんほど深く考えられません。清宮さんほどの戦略もありません。そのため、絶対に勝てると清宮さんを信じ、指示されたことをその通りに実行する選手になっていったのです。

そうなる理由も理解はできます。繰り返しますが、早稲田ラグビーはとにかく勝たなければなりません。誰もが勝利に飢えていたからこそ、清宮さんなら自分たちを絶対に勝たせてくれると信じ、盲信的についていったのです。

そして実際、清宮さんは監督5年間のうち3回の優勝と2回の準優勝を実現してくれました。誰もが清宮さんを絶対的な存在として位置づけていました。

■ 監督と選手の関係性を変える

ただ、試合には勝っていましたが、選手に自信が培われていたわけではありません。カリスマ監督と選手の間に圧倒的な上下関係が確立されていたところに入ったのが、私です。

ところが、私には清宮さんのような実力はありません。選手時代の実績も、監督としての成果も、練習の理論と追い込み方も、あらゆるものが清宮さんより見劣りする私に対して、部員たちは不安を感じたはずです。

実際、私が監督になってすぐに全員の調子が悪くなりました。いくら練習を重ねても強くなった実感がない、練習がつまらない、身にならない――。

これらすべてが監督のせいだと考えるようになりました。彼らにとって、チームを強くするのが監督の役割だからです。私は、監督と選手の関係性を変えようと決意しました。

シーズンが始まる前、学生の幹部と喫茶店で話をしました。

「みんなは、どういうチームをつくりたいと思ってる？」

議論が百出すると思っていました。ところが、学生からはまったく答えが返ってきません。しばらくの沈黙のあと、ある学生がこう言いました。

「それよりも、中竹さんはどういうラグビーで自分たちを勝たせてくれるんでしょうか」

私は質問の角度を変えてみました。

「じゃあ、みんなはどういうラグビーがしたいの？」

この問いにも誰も答えられません。

「いや、自分たちは言われたことは何でもやるので、優勝させてください」

話をするまでは、収拾がつかないほど出てきた多くの意見を束ねれば、チームとしての進む道がつかめると考えていました。でも、一つも出てきませんでした。

この頃の学生は、私たちの現役時代よりもはるかに能力があります。実際に、当時は大学選手権で日本一にもなっています。当然、私たちの時代よりも高い理想像があるだろうと期待し、彼らの思いを尊重したいと意見を聞いてみたら何も出てこなかったのです。

選手と監督の関係性だけではなく、選手とチームや選手同士の関係性、つまりは選手のものごとの捉え方を変えなければ勝てない。私はそう考えて、こう言いました。

「おれは清宮さんと同じような指導はできない。だから、今年は学生が主体になって考えないと勝てないぞ」

私には指導力が不足していました。一方で、学生には自分たちで考える機会と力が不足していました。勝つためには、私が指導力を上げるのと同時に、学生が自分たちで考える力を伸ばさなくてはなりません。

監督から指示を受けなければ物事が進まないのではなく、自分たちで考えて提案し、監督と一緒に答えを見つける関係を構築しなければならないのです。

■ある選手の変化が空気を変えた

以前は監督に指示を仰ぐような場面でも、私はすぐに答えを出しませんでした。

監督に聞いても仕方がない、監督の指示通りにやってもうまくいかない——だから自分たちで答えを見つけようと考えるように仕向けていきました。

4年生から2年生までは、清宮さんの指導が染み込んでいます。頭の中にあるものを自分たちで整理し、どう使えばいいのか自分たちで考えれば、勝つための行動ができるに違いない。そんな成算もありました。

私は指導を放棄したわけではなく、根気強くこう問い続けました。

「きみたちは何がやりたいの？」

「どういう練習がいいんだっけ？」

「どういうことをすれば勝てるんだっけ？」

重ねて、自分の力不足をこう伝えていました。

「本当に申し訳ないね、こんなゲームになって。おれの力不足だね」

「今日の練習もつまらなかったよね、本当にごめんね」

弱さをさらけ出してひたすら謝り続けました。私がいかにダメかということをしっかりと見せておかないと、関係性は変わらないと思ったからです。

「とはいえ、謝っても急に指導力が上がるわけではないから、みんなに頑張ってほしい。残念だけれど、負けるのはみんなだよ。おれを信用しても勝てないなら、それを助けられるのは誰だっけ？　自分たちしかいないよね？」

謝り続け、1対1の面談を通じて一人ひとりに自分で考えることの大切さを訴え、彼らの心に火をつけようとしました。

毎日のミーティングでは自分の考えを言ったり、提案したりする学生をほめ続けました。すると、少しずつ監督に正解を求める思考から、自分で正解を探す思考に変化していきました。それはやがて、監督を頼らない関係へと変わっていったのです。

兆しは私が監督に就任し、春シーズンが終わったあとに表れました。

それまで私に対して文句を言い続けていた副主将が、丸坊主になって面談にやってきたのです。私は冗談めかしてこう言いました。

「どうした？　何か悪いことでもしたの？」

「いや、そういうことではないです」

「じゃあどうして？」

「ようやくわかりました。うまくいかないのをすべて中竹さんのせいにしていましたけど、気づきました。これは僕のせいです。清宮さんはもういないのに、清宮さんの姿を求めていました。負けを全部、人のせいにした僕がダメだったんです」

選手の間にあったのは、監督が無能で選手は優秀という構図です。そうではなかったと伝えるのは、勇気が必要だったに違いありません。

「よく言えたね。これからみんな同じ気持ちになっていくから大丈夫。絶対に変われる」

彼の変化は、チームの空気を少しずつ変えていきました。

私と副主将のつながりが変わるとともに、チーム内での監督と選手のあり方も変わっていきました。監督は上から指示を出す人ではなく、対等な関係で勝利を目指す人になったのです。

勝利に向かって切磋琢磨しながら、時には衝突しながら互いに意見を言い合い、任せるところは任せ、頼るところは頼って助け合う。それまでの選手を取り巻く関係性が変わることで、チームの空気が変わっていきました。

監督就任1年目、大学選手権は準優勝となりましたが、学生は大きく成長しました。

2年目からはさらに劇的に変わり、学生は自ら考え、行動し、ともに成長していこうとしました。2007年度の大学選手権は、決勝で慶應義塾大学を下し優勝、翌2008年度も大学選手権で帝京大学を破って2連覇を達成しました。

結局、私が監督時代にやったことは、監督と選手の関係性を変え、自分たちで考え、動く集団へとチームの空気を変えることでした。いま思えば、それは組織文化を変えることだったのです。

■ 教える指導者から学ぶ指導者へ

２００９年度をもって、４年間の監督生活を終え、翌２０１０年からは日本ラグビーフットボール協会の初代コーチングディレクターに就任しました。私のミッションは、全国のラグビーコーチのレベルアップを図ることでした。

協会上層部からは「全国共通で早く浸透する一貫指導体制と次世代の強化方針を打ち出し、トップダウンで各地に広めよ」と指示されました。しかし私は、より確実に、より深く浸透させるため、トップダウンではない形を協会上層部に提案しました。

「新しいことを広めるなら、ボトムアップ型のフォロワーシップで進めたい」

日本の高校ラグビーは、大学ラグビーや社会人ラグビーと比べても組織化されています。選手の数もコーチの数も圧倒的に多く、日本ラグビー界の指導者改革を実践するには、最も影響力があると考えての選択でした。

指導を広めるターゲットは、高校ラグビー界で影響力のある指導者たち。大御所と呼ばれるような重鎮をはじめ、「ユースコーチ」といわれるユース世代の選抜されたコーチたちです。この中からU17日本代表や高校日本代表の監督やコーチが選ばれます。そのため、それぞれが指導スタイルに自信と誇りを持っており、一筋縄ではいきませんでした。

統括団体としての日本ラグビーフットボール協会の取り組みは当時、現場から見るといつもトップダウンで話がコロコロ変わり継続性もなく、責任者が明確でないまま中途半端で終わってしまうと映っていたようです。そんなところへやってきたのが私でした。

「私はみなさんと一緒にラグビーの一貫指導体制をつくりたいんです。トップダウンではなく、フォロワーシップで現場のみなさんと一緒に考えていきましょう」

そう呼びかけても、なかなか理解されませんでした。

「いつも日本協会が上から押しつけるんじゃないか」

「決めてくれないと動けないんだよ」

悪評紛々です。

「いえ、みなさんと考えたいんです。私がトップダウンでやってもベストなものはできません。みなさんの力が必要なんです。一緒に考えて、一緒に学びましょう」

それまで指導者たちは、学生に教えることが仕事だと考えていました。それを私は、指導者こそが学び続けようと考え方の大転換を迫ったのです。

「私が『これをやってください』と言えば、みなさんは選手に対して同じように『これをやりなさい』と言うでしょう。そんなことを続けても選手は伸びません。自分で考えて勝てる選手を育てるためには、自分で考えて教えられるコーチを育成することが唯一の方法です。選手より前に、まずは指導者が成長しましょう」

日本の高校ラグビー界は、全国を9ブロックに分けて、毎年キャンプを行います。各ブロックの有能な高校生を集めて、より高いレベルの指導を行う合宿です。全国から選ばれた「ユースコーチ」といわれる指導者たちも合宿に参加します。

合宿に参加する指導者たちは、朝から夜まで選手を指導していました。その後、選手たちは睡眠を取りますが、指導者はそこから夜中遅くまで、私のプログラムに取り組んでもらいました。

翌朝は5時に起床して再び選手の指導に戻ります。選手以上に、指導者にとって地獄の合宿となりました。ただ、口々に文句を言いながらも、指導者たちはやり切りました。

彼らに並走してわかったことがあります。

指導者たちは、実は学びに飢えていたのです。指導者は孤独で、なかなか情報が入ってこないため、自分のやり方しか知りません。地元ではみなさん有名な指導者なので、彼らの存在に遠慮して、フィードバックをしてくれるような人もいませんでした。

だからこそ、合宿の場が指導者たちの学び合う貴重なコミュニティとして機能しました。回数を重ねるほど、指導者たちはこの合宿を楽しみにし、そして前のめりになって学ぶようになりました。

ここで私は指導者たちに対して、「私がみなさんと一緒にしてきたことを、今度はみなさんが嫌われ役となって、地元で実践してください」と伝えました。

するとお願いした通り、合宿で学んだ指導者たちは、地元に戻って合宿と同じように自ら学ぶ姿勢を見せ、学ぶことの大切さを伝え、日本ラグビー界の指導者たちを裾野から変えていってくれたのです。

■指導者が変わり、そしてチームも変わった

こうした取り組みを始めて2年ほど経った頃、劇的な変化が見られました。

全国のコーチたちはもともと、指導者講習会に参加するのを嫌がっていました。指導者の資格を維持するには、講習会に参加することを義務づけていたので、それまでも参加するには参加していたのですが、どちらかというと講習会には消極的でした。

ところが、この指導者講習会でコーチたちの学ぶ意欲が格段に上がったのです。

指導者同士が学び合うことが当たり前になり、選手に対して単に指示を出すのではなく、自分で考えさせるための問いかけを工夫する風潮が根づきはじめました。

私がコーチングディレクターとして実践したのは、指導者の学ぶ姿勢を変えること。指導者の間に謙虚に学び合う空気が広がっていくと、それはそのまま高校ラグビーの選手や関係者にも広がっていきました。

その変化を顕著に感じたのが、新型コロナウイルスの感染拡大によって、これまでの練

習や夏季合宿が大幅に制限された2020年のことでした。これまでにない制約を受ける中、2020年度の第100回全国高校ラグビー大会で勝ち進んでいったチームは、学生たちが自ら考え、自ら学ぶ組織文化を大切にしているところでした。

指導者が変わればチームは変わる。組織文化を刷新することの影響力の大きさをまざまざと実感した出来事でした。

人材育成やリーダー育成は、個人の成長を通じて組織のレベルを上げ、組織の成長や変化につなげていきます。

しかし組織を変えるには、個人の成長だけでは不十分です。重要なのは、組織の根底に存在する目に見えない空気や価値観、つまり組織文化を変えることが欠かせません。

早稲田大学ラグビー蹴球部の主将としても、監督としても、日本ラグビーフットボール協会のコーチングディレクターとしても、私が無意識のうちに格闘してきたのは、組織やチームの空気を変えることでした。

これまで携わってきた組織では、一人ひとりの考え方を変え、組織全体の空気を変えて、困難や荒波に揺らぐことのない強いチームをつくり上げることができました。

がむしゃらにボールを追いかけたラグビー時代と、その知見を生かして取り組んできたスポーツやビジネスの世界での組織マネジメントや指導者育成。これまで私が常に向き合ってきたのは、煎じつめれば「組織そのものを変える」という取り組みでした。

早稲田大学ラグビー蹴球部主将として初めて組織文化を変えてからおよそ四半世紀——。これまでの歩みを振り返ると、それはあの手この手で組織文化と格闘した歳月でした。

組織文化を知り、変え、さらに進化させ続ける道のりは、決して楽なものではありません。むしろ多くの痛みを伴います。見たくもない弱くて醜い自分の姿や、完璧ではない仲間の姿、欠陥だらけの組織の姿を見つめる覚悟も必要になります。

それでも一人ひとりの中に眠る勇気を奮い立たせて挑戦すれば、より強い組織に生まれ変わることができます。

勇気を胸に、堂々ときれいごとを言葉にして行動すること。

それこそが、あなたと組織が強く変わるための第一歩です。

特典対談

組織文化の変革に役立つインテグラル理論

特典対談

組織文化の変革に役立つインテグラル理論

本書の特典として、インテグラル理論や成人発達理論に詳しい加藤洋平氏との対談を収録します。

組織文化を変えるには、そこに属する人たちが無意識のうちに共有している価値観を知り、それを意識化して変え、新しい価値観を無意識化させていく作業が欠かせません。

この一連の流れをより深く知り、体得するのに役立つのが、インテグラル理論と成人発達理論です。

二つの理論が組織文化の変革にどのように役に立つのか、加藤氏に話をうかがいました。

知性発達学者の加藤洋平氏

一橋大学商学部経営学科卒業後、デロイト・トーマツにて国際税務コンサルティングに従事。退職後、米国ジョン・エフ・ケネディ大学にて発達心理学とインテグラル理論に関する修士号および発達測定の資格を取得。オランダのフローニンゲン大学にてタレントディベロップメントに関する修士号および実証的教育学に関する修士号を取得。

著書に『なぜ部下とうまくいかないのか「自他変革」の発達心理学』『成人発達理論による能力の成長』『リーダーシップに出会う瞬間 成人発達理論による自己成長のプロセス』（すべて日本能率協会マネジメントセンター）がある。

ウェブサイト「発達理論の学び舎」にてインテグラル理論や成人発達理論に関する情報を共有している。

中竹竜二（以下、中竹）

本書で私が伝えたかった大きなポイントは、組織文化を変えるには無意識の領域に踏み込んで目に見えない価値観を意識し、言葉にして表出させ、新たに認識した組織文化を再び無意識の領域に落とし込む作業が必要だということでした。これに関する理論的な裏づけとしてインテグラル理論の知見を知りたいと考え、加藤さんに対談をお願いしました。

組織文化は、組織の発達段階に影響を受けると私は考えていました。何を大切にするのか、何をすればいいのか、何を格好いいと考えるのかは、組織にいる人たちの意識のありようや人間の成熟度によっても変わってくると感じています。これらの観点から、ぜひお話を聞かせてください。

加藤洋平（以下、加藤）

インテグラル理論は、さまざまな現象を多様な観点を通じてメタ（俯瞰的）に捉えるための理論です。組織文化は多種多様かつ非常に複雑で目に見えないものですから、組織文化に対する理解を深めるうえで、インテグラル理論が役立つ余地は大きいと思います。

たとえば、本書の第三章で紹介している組織文化を「知る」フェーズ。

ここでは組織に属する人が無意識のうちに共有している価値観を意識化するステップを紹介しています。こんな場面で、インテグラル理論が役立つと思います。

インテグラル理論は、さまざまな現象に対して多面的に見ることを可能にしてくれます。組織の中にはさまざまなレベルの課題があり、働いている人の意識の段階もそれぞれ異なります。

組織文化とは、組織が置かれている環境、組織が直面する課題、そして組織の中で働くさまざまな人の意識が相互作用して生みだされるもので、組織文化を生みだすそれらの要素を多面的に知ることに、インテグラル理論は力を発揮してくれるでしょう。

■ 4つの象限で多面的に人と組織を知る

中竹　まずは改めて、インテグラル理論について教えてください。

加藤　インテグラル理論とは、アメリカの思想家ケン・ウィルバー氏が提唱した理論で、自然科学・社会科学のさまざまな学術領域の理論や知見を統合的にまとめたメタ理論です。具体的な学問領域でいえば、心理学、社会学、哲学、宗教学、人類学、脳科学、生物学、物理学などが含まれ、インテグラル理論はとりわけ、個人、組織、社会の成長プロセスを統合的・俯瞰的に示す理論として知られています。

インテグラル理論には人や組織を見るさまざまな観点があります。代表的なものとして、インテグラル理論では4つの象限を通じてさまざまな現象を見ていきます。

通常、「左上象限」は個人の内面を扱う象限で、目に見えない個人の心の領域、意識の領域を指します。「右上象限」が個人の外面的な領域、言い換えれば目に見えるものや客観的に測定できるものを扱う領域です。

一方で、「左下象限」は組織の内面を扱っており、組織文化やチームの雰囲気、空気などを指します。最後に、「右下象限」が組織の目に見える領域、たとえば組織の制度や仕組みなど、客観的に可視化できる領域です。

これら4つの象限が相互に影響し合う中で、そのつながりを統合的に見て、変革の処方箋を打ちだすのがインテグラル理論の特徴です。

中竹　たとえば時間厳守という制度を見ても、まったく守らない組織もあれば、5分前行動が徹底されている組織もあります。その違いにこそ組織文化が顕著に表れていると思うのですが、何が影響し合ってその違いが生まれたかを探るときに、インテグラル理論を活用できる、ということですね。

加藤　まさに制度の背後にあるものを見るときに、インテグラル理論は役立ちます。時間厳守という制度を導入したとき、そもそもそうした制度をどのような意図や考えの下で生みだしたのか、その組織にとって時間厳守にはどのような意味があるのかを問うことで組織文化が浮き彫りになってきます。ある個人が時間厳守は大切だとわかっていながらも、なかなか守ることができなかったとしましょう。このとき、本人が時間を守ることにどのような意味づけをしているのか。それを問うことで、時間を守れない行動を生みだしている背後にあるものが何かに気づくことができます。インテグラル理論は、無意識の行動の背後にある意味の階層を深掘りしていくときにも非常に役立ちます。

中竹　行動の裏側にある意味づけをひもとくのは重要ですね。

加藤　これは、成人発達理論の代表的な研究者であるハーバード大学教育学大学院のロバート・キーガン教授が提唱した理論ともつながっていきます。

新しい仕組みや制度を導入しようとしても、なぜかなかなか受け入れられないことがよくあります。それはキーガン教授の言葉でいえば、人も組織も変化を拒む「免疫システム」を持っているからです。頭では変わらなくてはならないと思っているのに、無意識が変化を拒んでしまう。そうした現象を引き起こしているのが変化を拒む免疫システムであり、まずはそれに気づくことが変革を実現する際の最初のステップになります。

本書の中で中竹さんは、組織文化を「知る」フェーズにおいて、変化を拒む免疫システムを特定することの大切さを説いているように思いました。

中竹　本書では、無意識の中にあるものを知るにも、具体的な言葉や行動など、意識できる部分にしか手がかりはないとしています。組織の根底にある無意識の価値観を知るにも、まずはフィードバックなどで他者からどう見えるのか、表面に表れているものから掘り下げましょうと伝えました。

加藤　それはとても大切な実践ですね。なぜなら、目に見えないものをいきなり知ろうとするのは難しいですから。無意識と意識、または無意識から表出される行動は紐づいているので、具体的な対話や他者からのフィードバックを手がかりに、無意識の中にあるものを探っていくアプローチは大切だと思います。

中竹　最近は、無意識の中にあるものを言葉にしてもらうため、意識的に「クリエイティブアボイダンス（創造的回避）」という言葉を使いながら、自分の中で言い訳して実行に至らないことを正当化するときに、どんな言葉を使っているのかに焦点を当ててもらっています。

加藤　無意識の中のものを可視化するときに言葉にして残しておくのは非常に大切です。古くは精神分析の大家であるフロイトも、自由連想法を通じてポロッと出てしまう言葉こそ、無意識の表出だと捉えていました。

■まずは組織の発達段階を知る

加藤　中竹さんは組織文化を知るとき、直感的にその組織の成熟度も測定しているのではないかと感じました。

たとえば組織やチームの中でミスが起こったときに、それを他人に責任転嫁したり、実力はないのに上司に気に入られて評価が上がったりするなど、他者依存的な組織文化が蔓延《まんえん》している企業もあります。インテグラル理論の発達段階モデルを用いると、オレンジ（合理的段階）の組織では、コミュニケーションがロジック一辺倒になりがちで、感情を無視する組織文化が醸成される傾向にあると考えられています。中竹さんは普段、さまざまな組織文化を見ていて、その成熟度をどのように意識していますか。

中竹　たとえば、本書の第四章のケーススタディで取り上げた横浜ＤｅＮＡベイスターズのコーチやスタッフは当初、自分のことしか考えない利己的な段階にありました。プロフェッショナルとして自分の力で生きていかなければならないので、当然といえば当然です。成果を得たいというよりも、自分のせいで負けたくないという感覚が強かったので、そういう意味では利己的でありながらも保守的な印象もありました。

加藤　インテグラル理論でいえば、レッド（利己的段階）とアンバー（神話的段階）が交じっているような状況ということですね。自分中心的な発想で行動している点でレッド的であり、チームの約束事や決まりを忠実に守る点でアンバー的ということでしょうか。

中竹　最初はコーチもスタッフも、自分のノウハウを決して人には伝えませんでした。教え合う、学び合うという発想がなかったのです。本来ならばコーチ陣の間でフィードバックし合い、選手が成長することにフォーカスすべきなのに、それがありませんでした。

加藤　自分の利益のためにノウハウを内にため込んでオープンにしないのは、利己的段階の特徴かもしれません。中竹さんが関与する前のチームの組織文化の成熟度は、利己的段階の特徴が強かったわけですね。

■ 発達段階に合わせた5つの組織モデル

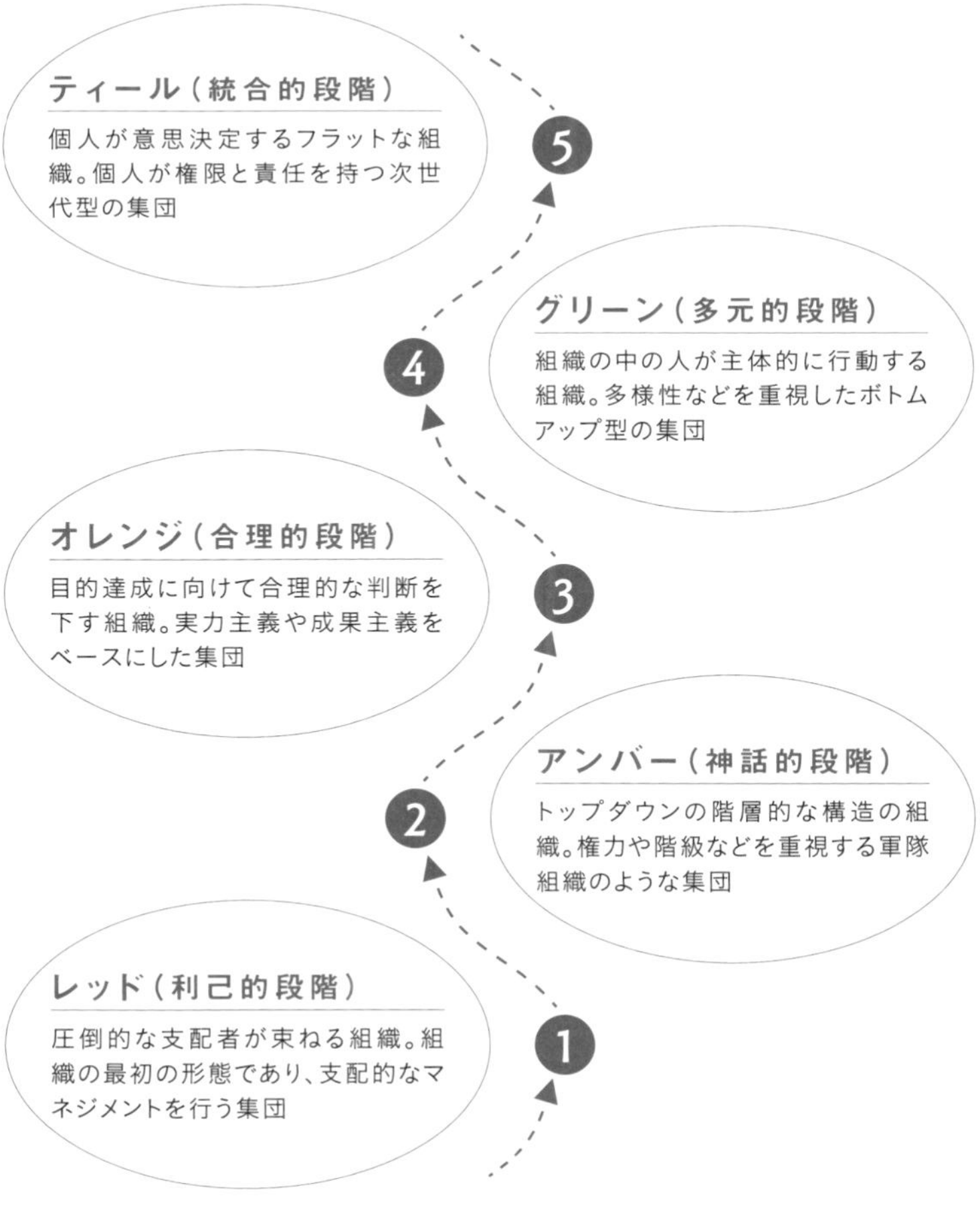
ティール（統合的段階）
個人が意思決定するフラットな組織。個人が権限と責任を持つ次世代型の集団
5
グリーン（多元的段階）
組織の中の人が主体的に行動する組織。多様性などを重視したボトムアップ型の集団
4
オレンジ（合理的段階）
目的達成に向けて合理的な判断を下す組織。実力主義や成果主義をベースにした集団
3
アンバー（神話的段階）
トップダウンの階層的な構造の組織。権力や階級などを重視する軍隊組織のような集団
2
レッド（利己的段階）
圧倒的な支配者が束ねる組織。組織の最初の形態であり、支配的なマネジメントを行う集団
1

インテグラル理論やそれを生かしたティール組織などの理論をベースに、発達段階に合わせて組織を5つの段階に整理した（図は著者作成）

中竹　そこで私はチームで戦いましょうと伝えました。「選手とスタッフで一つの目標に向かうチームになり、持っているものや思っていることをチームで共有し、共創していきましょう」と伝えたのです。その目標として「日本一になるために」「優勝するために」という言葉を恥ずかしがらずに使おうと言いました。

加藤　チームに共通認識を持たせたところがポイントだったのでしょうね。一人ひとりが個として成立し、集団として力を発揮していくのが組織の発達段階の流れです。個の自律と組織としての協調を実現する発達段階に到達するために、「みんなで一丸となってやっていこう」と打ちだしたのは効果的だったと思います。
個人の意識と組織文化は密接につながっています。個人の意識を変えることが組織文化の変革のカギを握りますが、中竹さんは当初、選手やスタッフに対してどんなアプローチで言語化を促していったのですか。

中竹　たとえば「感動」「幸せ」「愛」「ファミリー」「絆」「感謝」など、本来なら誰しも持ちたい、伝えたいようなきれいごとは、発達段階の低い組織では攻撃されたりバカにされたりする傾向があります。

ところが組織文化が醸成されていくと、きれいごとが当たり前になり、心から「ありがとう」と言えて、友情や愛情、幸せという言葉を素直に言えるようになります。そんな組織はすばらしいじゃないですか。

「私はみなさんに見本を見せるためにもきれいごとを言い続けるので、恥ずかしいかもしれないけど、そういうチームになりましょう」と繰り返し伝えていきました。

■ 発達段階によって響く言葉は異なる

加藤　発達段階ごとに響く言葉、成長を促す言葉があることを考えると、中竹さんのアプローチはとても有効だったと思います。変化する前のベイスターズのようなレッド（利己的段階）にいる人たちには、利己的な段階から脱却するために、一体感をもたらす言葉が大切になります。「絆」や「ファミリー」などは、利己的な発想を超えてチームのことを考えられる発達段階に到達する際に、非常に大事なキーワードです。そうした言葉をチームの中に浸透させようとしたのはすばらしいと思います。

中竹　人や組織の発達段階ごとに、響く言葉はほかにもありますか。

加藤　アンバー（神話的段階）は、他者や所属集団を重んじる行動特性があるので、「他者のために」「チームのために」のような言葉が響きます。

アンバーの次の発達段階であるオレンジ（合理的段階）にいる人は成長欲求が強いので、たとえば「自己実現」や「自己成長」という言葉が響くでしょう。

オレンジの次の発達段階であるグリーン（多元的段階）は「相対主義的段階」とも呼ばれ、この段階にいる人たちには「ダイバーシティを尊重しよう」「人はそれぞれ価値を持っている」といった言葉が響くと思います。

グリーンの次の発達段階であるティール（統合的段階）にいる人たちは、人や組織の成長に関して深い洞察を獲得し、思考の時間軸も延びるため、たとえば「相互発達的な自他成長」や「子々孫々の社会に貢献する持続可能な事業やサービスの実現」のような言葉が響くと思います。

自分たちの組織の発達段階を知り、メンバーにどのような言葉が響くのかを知り、意識してそれを使うことが重要です。組織文化やメンバーの発達段階を無視した言葉を投げかけてもまったく響きませんし、組織文化の変革も進まないでしょう。

中竹　無意識かもしれませんが、私が組織文化などのコンサルティングで入る場合には、人や組織の発達段階を見極めて、そこから二段階上の言葉は使わないようにしてきました。いくら正しいことを伝えても、この段階の人や組織にいきなり遠い世界の言葉を投げかけても無理だな、という感覚があったからです。

いろいろな企業からお声がけいただいているのはきっと、人や組織の発達段階を見極めて、そこからちょうど一段階上の言葉を感覚的に使っていたからかもしれません。

加藤　成人発達理論の観点からすると、組織文化を変革するときには二段階上の言葉では刺さりませんし、同一レベルの言葉を投げかけても変革を促すことにはつながりません。ポイントは、現状よりも一歩先にある組織文化の成熟度を加味した言葉を投げかけることです。その意味でも、組織文化を変革する役割にある人が少しでもインテグラル理論を理解し、自分たちの組織がどの発達段階にあるのかを意識することは非常に有益でしょう。

中竹　ベイスターズの選手向けに定例開催しているチームビルディングのトレーニングは、コロナ禍の影響で途中からリモートになりました。最近では選手がオンライン会議システム「Ｚｏｏｍ（ズーム）」に入室するとき、出欠を確認するマネジャーに対して、「こんばんは」「こういう機会をいただいてありがとうございます」といった言葉をかけるようになってきました。

これは本来、かなりハードルの高い言動だと思います。普段から球団のスタッフに対して、素直に感謝を伝えているから自然と挨拶ができるのです。これはすばらしいと思い、「気づいていないかもしれませんが、入室したときに何気なくありがとうと言える組織はすばらしいと思いますよ」と伝えました。

加藤　行動変容が起きたわけですね。キーガン教授の言葉を借りれば、行動変容を通じて組織文化が変わり、互いをリスペクトし合う組織文化が根づいてきたといえるかもしれません。

■ シャドーを見る勇気はあるか

中竹　私のトレーニングではよく本題に入る前にさまざまなテーマについて話してもらうことがあります。先日、ベイスターズのトレーニングに参加する選手やコーチに、好きな映画や漫画などを瞬間的に答えてもらい、その理由を言語化してもらいました。同じ作品が挙がることもありますが、人によって好きな理由は違います。なぜその作品に心を奪われたのかは、その人の価値観です。

通常、価値観が言語化されることはありません。「あなたの価値観を教えてください」という問いに答えられる人はほとんどいないでしょう。好きなものに結びつく背景を言語化して初めて、その人の価値観が示される。そこでその人のパーソナリティが見えてくるのです。互いの価値観を理解し合うことが、多様性や相対性を享受する組織文化につながると考えて、最近はそうした「不意打ちワーク」をやっています。

加藤　そのワークのポイントは、一人ひとりの価値観の差異、すなわち個性に着目したことにありますね。好きな作品をきっかけにして、その作品が好きな理由を自由連想形式で尋ねていくと、価値観やパーソナリティが見えてきます。

本書には言葉として出てきませんでしたが、変化を拒む背後には、往々にして人や組織に固有の「シャドー（心の影）」があります。価値判断の背後には何かしらのシャドーが関わっているものなので、「不意打ちワーク」は、その人の価値観を浮き彫りにするだけではなく、その人のシャドーも明らかにする働きがあると思います。

シャドーとは、劣等感や過去に負った心の傷など、心の中にある見たくないもののことを指します。「心の闇」と言い換えてもいいでしょう。シャドーは目には見えない形で抑圧されていて、個人だけでなく組織にもあります。

かつて最下位が続いたベイスターズには「自分たちは勝てない」というシャドーがあったでしょうし、業績の上がらない企業は「ライバル会社のようなブランド力がない」といったシャドーに支配されていたりします。

中竹　つまり組織文化を知るときには、自分たちの組織にあるネガティブで見たくない部分も把握したほうがいいということですね。

加藤　その通りです。組織で共有されているシャドーを見ない限り、組織文化の変革は表層的なものにとどまってしまうでしょう。

中竹　本書の第四章で取り上げたタカノフーズは、老舗の安定企業で劇的な経営変化はほとんどありませんでした。そのため「いまのまま同じことを続けていればいいんだろう」「どうしてリスクを背負わなければならないんだ」というシャドーが組織全体にあったように感じます。それを変えたいと考えた社長からの依頼で、組織文化の変革が始まりました。組織文化を変えるために、自分で目標を掲げ、決断し、アクションを起こすというフレームワークをやってきましたが、シャドーを意識化することは方向として間違っていなかったということですね。

加藤　間違っていないと思います。シャドーと聞くと、多くの人はネガティブなものと捉えがちです。もちろんシャドーには自分たちの行動を抑圧するネガティブな側面もあります。しかし、時にシャドーは人や組織の活動の源になることもあります。ある劣等感が努力の源になるなど、シャドーに気づくことによって成長や発達が促される側面もあります。人や組織は、無意識のうちにシャドーを抑圧することに時間やエネルギーを割いてしまいます。ですが、ひとたびシャドーに気づき、それを受け止めることができれば、時間とエネルギーのロスから解放されるため、変革への大きな扉を開いたといえます。

そう考えると、シャドーは一概に悪いものではないことがわかると思います。人も組織もシャドーを持っており、それは成長や発達につながる大切なものだと理解して初めて、シャドーと向き合う心理的安全性が確保されるといえるでしょう。

組織文化を変革していくときはシャドーをリスペクトすることに加え、シャドーを多面的に見ることが重要です。シャドーが成長につながり、創造性の発揮に関与するケースは少なくありません。たとえば芸術家は、自分の抱えるシャドーがあるからこそ生みだせる作品があり、そういう意味ではシャドーは肯定的な役割も果たすのです。

一方、シャドーが自分や他者、そして組織や社会を傷つける方向に働いていたり、それらの成長を妨げていたりするのなら、改善しなければなりません。

シャドーには肯定的な側面と否定的な側面があり、両方を見ることが大切なのです。

■弱さをさらけ出せる工夫を

中竹　シャドーをさらけ出せる関係性をつくるのが変革のスタートです。弱さをさらけ出すことの重要性は、インテグラル理論にも出てくるのでしょうか。

加藤　弱さをさらけ出すことは、人の発達段階とも関係しています。グリーン（多元的段階）とティール（統合的段階）にいる人は、自分をオープンにすることでより多くの学びが得られることを体験として知っています。ですからグリーンやティールの発達段階では、弱さをさらけ出すことが比較的容易です。

しかし、それ以下の発達段階であるレッド（利己的段階）やアンバー（神話的段階）、オレンジ（合理的段階）では、弱さをさらけ出すことは難しいでしょう。ただし、そうした段階でも他者からの支援や工夫があれば、弱さをさらけ出すことができると思います。

それは、先ほどご紹介した発達段階ごとに響く言葉の話と原理は同じで、大切なのは、それぞれの段階の強みや価値を理解し、それに基づいた対話や支援を行うことです。たとえばオレンジ（合理的段階）は合理的な知性に強みがあるので、ロジックを通じて弱さをさらけ出す利点を説明し、論理立てて弱さをさらけ出す対話を実践してみるのが一つの案です。アンバー（神話的段階）であれば、まだ自律的な思考を働かせることは難しいので、チームのリーダーなどが率先して弱さをさらけ出す手本を示すと、彼らはその方法に従って弱さを少しずつ開示していくことができるでしょう。

中竹　段階によってさらけ出す手法を変えていくのですね。

加藤　その通りです。発達段階ごとにできることとできないことがあるので、それを理解し、アプローチを変えることで、弱さをさらけ出す実践が進展する可能性は高いと思います。人や組織の成長に関して、インテグラル理論や成人発達理論を学ぶことで見えてくる観点は無数にあります。本書の理論とフレームワークは、インテグラル理論や成人発達理論とも親和性が高いと思います。こうした理論を学び、実践するほど、個人の意識変容や行動変容が促され、組織文化の変革と継続的な進化を実現することにつながるでしょう。

おわりに

本書の企画が立ってから1年以上、私の頭の中は「組織文化」に染まっていました。組織の雰囲気、空気、風土、文化といった言葉にとても敏感になっていたのです。

そんなある朝、たまたまJ－WAVE（ラジオ局）から流れるインタビューを耳にしました。「どんな不登校の児童でさえ、この学校にはみんな来るんです。ここは空気が違うから」慌てて紙きれにメモして、インターネットで検索。語り手は、映画『みんなの学校』の舞台である大阪市立大空小学校の初代校長、木村泰子さんでした。直感的に、この人に絶対に会いたい、会わねばならないと強く思いました。そしてすぐさま打診し、オンラインで彼女の生きざまをうかがいました。そこには、愛と迫力に満ちた物語がありました。

新型コロナウイルスの影響によって、ホテル業界全体が打撃を受けている中、アメリカ・シアトル発の「エースホテル」が日本初進出というニュースがSNSで入ってきました。

そこで私の目を引いたのは「カルチュラル・エンジニア」という役職でした。

なぜ、ホテルで「カルチュラル・エンジニア」なのか？　その役職は何をやるのか？

どんな人が任命されるのか？　さまざまな疑問が湧いてきました。そして、その役職を務めるマギー・ジェイムスさんに直接話を聞くため、京都へ向かいました。

ホテルはみんなでつくるもの。頭で考えるのではなく、お客さまと交わり、心で感じて、オンリーワンの文化をつくる。マギーさんはホテルへのこだわりと使命感を熱く語ってくれました。


コロナ禍で多くのエンターテインメント活動が自粛される中、斬新な取り組みで話題となった「劇団ノーミーツ」。オンラインに限定したオーディション、稽古、演出、本番と、全過程において全員が一度も対面で会わずに一体感を醸成し、唯一無二の作品をつくり上げています。しかも、劇団の平均年齢は20代半ばと若く、次世代ならではの発想力と行動力に刺激を受けました。主宰する広屋佑規さんにお話をうかがい、これからのオンラインコミュニティにおける組織文化のつくり方のヒントをもらいました。

このように、組織文化に関して何かしらヒントを得られそうな人には、できる限りアタックしました。すべての方に快諾していただけたことは、感謝に堪えません。

本書ではみなさんのお話のエッセンスを盛り込みましたが、後日、ダイヤモンド・オンラインでも詳しいインタビューをご紹介します。楽しみにしてください。

勇気、元気、根気。

私が集約した組織文化の変革者たちからにじみ出ていた三つの共通項です。

まず、組織文化を変えるには「勇気」が必要でしょう。

自分自身の人生を振り返っても、この勇気が原点だった気がします。あらゆる困難に直面するたび、自分の中にある勇気を振り絞って新しい局面を切り拓いてきました。

勇気を胸に、堂々ときれいごとを言葉にして行動する。それこそが、人と組織が強く変わるための第一歩となるはずです。

そして、「元気」。黙々と努力する悲壮感だけでは、誰もついてきません。難しい状況や緊迫した場面でも、人をエンパワーし、常に笑顔でエネルギッシュに進まなければなりません。私が会った変革者たちはみなさん、まぶしい笑顔を放っていました。

最後に「根気」です。組織文化の変革には、時間的な奥行きがなければなりません。短期間で爆発的な成果を上げようとするのではなく、しつこく、何度も、徹底的に続けることが大切です。

では、そろそろあなたは、組織文化を変革する心の準備ができましたか？

最後に一つだけ、小さな組織におけるエピソードを紹介します。


「桐生祥秀選手、6年ぶりの優勝」

このテロップをスマホで見たとき、私は思わずガッツポーズをしました。

2020年10月2日、陸上日本選手権における男子100メートルの決勝を制したチーム桐生。このチームのメンバーは桐生選手とコーチ2人、トレーナー1人の合計4人。そこに私が加わり、約2年間、ものごとの捉え方を通じて組織文化を変革してきました。

当然、この優勝は陸上競技としての専門的なスキルの向上が大きな勝因ですが、少なからず組織文化の力もあったと思います。

このチームの合言葉は「ありがとう」。レース直前まで、あらゆることに対して感謝を言葉にしました。いつも一緒にいる仲間同士だからこそ、気恥ずかしさが湧くものです。夢を語ったり、感謝や労いを伝えたりすることも、自然とハードルが上がります。

チーム桐生はそれらをゆっくりと乗り越え、独自の組織文化をつくりました。

組織文化というと、つい大きな組織を思い浮かべるかもしれません。しかしチーム桐生のように、人数や規模は関係ありません。ましてや、会社やスポーツチームとも限りません。友人同士、家族、同窓会の仲間といった、あなたのすべてのコミュニティに当てはまります。

だからこそ、いつでも、どこでも、誰とでも、組織文化の変革は始められます。

その相手が一人でも結構。隣の人との対話から始めてみませんか？

少なくとも、私はこれまでそうすることでさまざまな裏切り、誹謗中傷、批判や衝突を乗り越えてきました。勇気を持って隣の人に弱さをさらけ出し、本音を伝えたあとは笑顔で別れ、時間をかけて互いの空気を少しずつ変えてきたのです。

さあ、始めましょう。三つの気を持って。

勇気、元気、根気。

あなたと組織文化を語り、変え、進化させられる日が来ることを心より願っています。

二〇二一年　立春

中竹竜二

［著者］
中竹竜二（なかたけ・りゅうじ）
株式会社チームボックス代表取締役
日本ラグビーフットボール協会理事

1973年福岡県生まれ。早稲田大学人間科学部に入学し、ラグビー蹴球部に所属。同部主将を務め、全国大学選手権で準優勝。卒業後、英国に留学し、レスター大学大学院社会学部修了。帰国後、株式会社三菱総合研究所入社。2006年、早稲田大学ラグビー蹴球部監督に就任。自律支援型の指導法で、2007年度から2年連続で全国大学選手権優勝。2010年、日本ラグビーフットボール協会コーチングディレクターに就任。2012年より3期にわたりU20日本代表ヘッドコーチを務め、2016年には日本代表ヘッドコーチ代行を兼務。2019年より日本ラグビーフットボール協会理事に。2014年、企業のリーダー育成トレーニングを行う株式会社チームボックスを設立。2018年、コーチの学びの場を創出し促進するための団体スポーツコーチングJapanを設立、代表理事を務める。このほか一般社団法人日本車いすラグビー連盟副理事長。著書は『新版リーダーシップからフォロワーシップへ　カリスマリーダー不要の組織づくりとは』（CCCメディアハウス）など多数。

チームボックス：https://corp.teambox.co.jp/

ウィニングカルチャー
――勝ちぐせのある人と組織のつくり方

2021年２月16日　第１刷発行
2024年３月26日　第５刷発行

著　者――中竹竜二
発行所――ダイヤモンド社
〒150-8409　東京都渋谷区神宮前6-12-17
https://www.diamond.co.jp/
電話／03･5778･7233（編集）　03･5778･7240（販売）

編集協力――新田匡央
カバーデザイン―小口翔平＋畑中茜（tobufune）
本文デザイン―三沢稜（tobufune）
DTP――河野真次（SCARECROW）
校正――聚珍社
製作進行――ダイヤモンド・グラフィック社
印刷・製本――三松堂
編集担当――日野なおみ

ISBN 978-4-478-11055-3